Vergessene Pfade in Südtirol

D1662351

Herbst im Münstertal

Peter Deuble

Vergessene Pfade in Südtirol

36 außergewöhnliche Touren abseits des Trubel

Für Renate

Inhaltsverzeichnis

Ankunft am Rosskopf (T. 16)

ZWISCHEN JAUFEN UND RESCHEN

Kleine Kolbenspitze (r.) und Stubaier Alpen (T. 20)

Mittereck vom Großhorn (T. 30)

Unterwegs im »anderen Südtirol«

Als mir vom Bruckmann Verlag dieses Projekt angeboten wurde, wusste ich nicht wirklich, was da auf mich zukommt. Klingt ja zunächst mal recht einfach, wenig begangene Pfade zu finden, die gleichzeitig lohnend sind. Südtirol hat ja viel zu bieten. Da es aber nicht gerade zu den unbekannten Regionen der Alpen zählt, erwies sich das Ganze als doch nicht ganz so einfach. Es bedeutete vor allem: Karten- und Führerstudium ohne Ende. Es bedeutete auch: Enttäuschungen zu erleben, weil manche Tour stärker begangen oder vielleicht weniger lohnend war als erwartet. Es bedeutete aber auch Gipfel zu entdecken, auf die ich sonst vielleicht nie gestiegen wäre und die ich nie mehr missen möchte. Selten habe ich mich so frei gefühlt, wie bei der Vernungkopf-Überschreitung, als ich an einem Traumtag von morgens bis abends ganz allein unterwegs war.

Es ist fast schon ein wenig verwegen, ein Wanderbuch mit dem Titel »Vergessene Pfade in Südtirol« anzubieten. Einerseits soll es Bergwanderer zu Zielen abseits des Trubels führen, andererseits soll es sich dabei aber auch um lohnende Ziele handeln. Schließlich ist es eine sehr romantische Idealvorstellung zu glauben, dass es irgendwo einen Weg gibt, der zwar bestens trassiert, zugleich aber nicht markiert ist, der wenig begangen wird und der im besten Fall sogar noch bei einer bewirtschafteten Alm oder einem Gipfelkreuz endet. Mehr zu dieser Thematik auf den nächsten Seiten ...

Als ich mich nun daran machte, mögliche Ziele auszukundschaften, war mein ursprünglicher Plan, möglichst alle Regionen in Südtirol zu berücksichtigen – frei nach dem »Gießkannen-Prinzip«. Schon bald war mir jedoch klar, dass dies auf ein unbefriedigendes Ergebnis hinauslaufen würde. Die Fläche von Südtirol ist für 30–40 Touren viel zu groß, als dass dabei etwas wirklich Brauchbares herausgekommen wäre. Schließlich möchte man im Bergurlaub im Idealfall viele Möglichkeiten in der näheren Umgebung haben. Also habe ich mich dazu entschlossen, regionale Schwerpunkte zu setzen:

- Wipptal, oberes Eisacktal und Seitentäler, vielen meist nur von der Durchreise bekannt
- Pustertal mit Seitentälern, deren wirkliche Schönheit aus mehr als den Drei Zinnen besteht
- Passeiertal mit Seitentälern, eine nur wenig bekannte und unterschätzte Region
- Vinschgau mit Seitentälern, das Paradies von unentdeckten Pfaden und Gipfeln

Dass in diesem Buch die meisten Touren auf Berge aus kristallinen Gesteinen führen, hat zwei handfeste Gründe. Für den ersten kann ich nichts, den zweiten hingegen habe definitiv ich zu verantworten:

- Die Kalkberge Südtirols, die Dolomiten, gehören zu den bekanntesten und am meisten frequentierten Bergen der Alpen – stille Winkel sind hier deutlich seltener als in den kristallinen Gebirgen der Zentralalpen.

Gipfelsteinmänner am Rotebenkopf (T. 35)

• Berge, die aus Gneis, Granit oder Schiefer aufgebaut sind, liebe ich ganz besonders. Und jeder Wander- und Tourenführer ist immer auch ein Spiegelbild des Autors ...

Dieses Wanderbuch beschreibt viele Gipfel, die als »Außenseiter« meist nicht zu den »50 schönsten« gezählt werden (obwohl sie es genauso verdient hätten!). Nur einige davon sind etwas populärer. Ziele wie den Schlern, den Peitlerkofel, die Mutspitze bei Dorf Tirol oder den Dürrenstein wird man allerdings ebenso vergebens suchen wie Hütten- und Almwanderungen oder Waalwege. Darüber gibt es bereits genügend Wanderführer und Bücher.

Völlig einsam sind zwar nur wenige dieser Gipfel, denn vor allem Einheimische wird man immer mal wieder treffen. Massenaufläufe wie auf der Sella-Hochfläche oder auf der Seiser Alm wird man jedoch nicht erleben. Dafür wird bei allen Touren ein Mindestmaß an Erfahrung im Bergwandern vorausgesetzt. Bei keiner dieser Touren handelt es sich um leichte Almwanderungen, und eine solide Trittsicherheit ist bei jeder Tour unbedingte Voraussetzung! Bei einigen Touren braucht es zudem eine gute Portion Orientierungssinn, um ans Ziel zu kommen.

Ein Dankeschön geht an:

• Eugen E. Hüsler, den »Alpen-Oldie«, mit dem ich einige Male mögliche Ziele in »seinen« Dolomiten besprochen habe und der auch sonst immer mal wieder gute Tipps auf Lager hat;
• Susanne Kaufmann vom Bruckmann Verlag für ihre Engelsgeduld mit einem manchmal leicht genervten Autor;
• Renate, meine Partnerin – ohne sie hätte ich dieses Buch wohl niemals geschrieben. Mehr als einmal hat sie mich darin bestärkt, weiterzumachen. Dieses Buch ist deshalb ihr gewidmet.

Bleibt mir noch, allen Wanderinnen und Wanderern schöne und erlebnisreiche Touren im »anderen Südtirol« zu wünschen und anschließend eine gesunde Rückkehr mit einem riesigen Rucksack voller schöner Erinnerungen!

Langenau bei Ulm, im Spätherbst 2012
Peter Deuble

Vergessene Pfade in Südtirol

Was sind denn nun »vergessene Pfade«? Nun, vergessen sollte man zunächst einmal die eher romantische Vorstellung von einem gut ausgeprägten, aber nicht markierten Pfad, der zu einem Gipfel oder gar zu einer bewirtschafteten Hütte führt. Hallo, aber das ist Wunschdenken! So etwas gibt es in den Alpen nicht. Denn dort wo ein Weg zu einem Gipfel oder zu einer Hütte führt, da gibt es auch immer Besucher. Unmarkierte, ungewartete Pfade können für Ungeübte sogar gefährlich werden. Und Klettersteige, die »vergessen« sind, davon sollte man absolut die Finger lassen! Denn man stelle sich einen Klettersteig vor, der nicht gepflegt und gewartet wird – sicher eine sehr »spannende«, aber vor allem auch riskante Angelegenheit …
Vergessen darf man generell auch die Vorstellung, dass ein Pfad, der nicht mehr unterhalten wird, auf ewig besteht. Die Natur holt sich das alles schon sehr bald wieder zurück. Wer's bezweifelt, der lese »Die Welt ohne uns« von Alan Weisman. Der Autor schildert darin sehr eindrücklich, wie schnell sich die Natur sogar Bauwerke und ganze Städte »zurückholt«. Da sind alpine Pfade oder Steige nur ganz kleine Fische!
Aber wieder zurück zu unserem Buch: Die Idee war es, Pfade und Steige zu beschreiben, die bislang noch nicht in irgendwelchen »100 schönsten Touren« gelistet sind. Pfade, die nicht unbedingt auf populäre Gipfel führen, und wenn, dann von einer anderen, eher unbekannten Seite. Der Untertitel charakterisiert denn auch sehr anschaulich, worum es hier geht: »Touren abseits des Trubels«.

Wanderin am Upisee (T. 28)

Viele der hier vorgestellten Berge sind selten bis gar nicht beschrieben und vor allem wenig begangen. Der Autor möchte den Leserinnen und Lesern ein »anderes Südtirol« zeigen, fern vom Massentourismus rund um die Drei Zinnen, in Meran oder auf manch bekanntem Gipfel. Auf markierten Pfaden sollte man jedoch immer damit rechnen, anderen Wanderern zu begegnen. Aber es ist ein Unterschied, ob ich fünf andere Wanderer treffe oder 50! Auf den hier vorgestellten Gipfeln hat der Autor nie mehr als zwölf Personen angetroffen – und die waren nie alle gleichzeitig oben …
Warum setzt der Autor in diesem Buch ausschließlich auf Gipfel? Nun, gibt es etwas Schöneres, als stundenlang auf einem Gipfel zu sitzen, zu schauen, wie sich das Licht verändert, und alles um sich herum aufzusaugen? Und ein 360°-Panorama ist einfach nicht zu überbieten.
Außerdem stellt sich die Frage, welche Ziele es sonst noch geben könnte, die nur wenig begangen sind. Waalwege oder Wege zu bewirtschaf-

Lärchenträume im Schliniger Tal (T. 32)

teten (Alm-)Hütten werden kaum jemals zu den ruhigen oder gar einsamen Zielen gehören. Dies gilt in der Regel auch für Höhenwege, die ja meist gerade für touristische Zwecke eingerichtet werden. Sicher gibt es auch wenig frequentierte Pfade und Wege, die in mittlere Höhen führen, dies vorwiegend durch Wälder, z. B. auf den Ritten oder Salten. Dabei handelt es sich allerdings meist eher um Kurzwanderungen ohne wirklich alpinen Charakter, die nicht ins Konzept dieses Buchs passen. Kommt noch hinzu, dass gerade in mittleren Höhen und in Wäldern die Wanderwege vielfach von Forst- und Wirtschaftswegen zerschnitten und damit auch ein wenig entwertet sind. Bereits ein kurzer Blick auf die einschlägigen Wanderkarten bestätigt dies.
Ein Studium der Gipfelbücher gibt Aufschluss darüber, von wem diese Berge besucht werden und wie stark sie frequentiert sind. In den meisten Fällen sind es Einheimische, die z. T. immer wieder auf ihre Hausberge steigen. Der Autor hat oft Gipfelbücher vorgefunden, die bereits mehrere Jahre dort oben waren, teilweise aber nicht einmal zur Hälfte gefüllt. Beispiele: Das Buch auf der Mittagsspitze im Jaufental war im Juni 2012 seit fast drei Jahren dort oben, und es waren gerade mal 16 Seiten beschrieben. Oder die Alpenspitze über dem Wannser Tal: ein fünfeinhalb Jahre altes Gipfelbuch, und noch nicht einmal zur Hälfte gefüllt.
Es gibt aber keine Garantie dafür, dass man auf den hier vorgestellten Pfaden und Steigen immer allein unterwegs sein wird. Es kann durchaus mal sein, dass andere Bergwanderer dieselbe Idee hatten und sich dasselbe Ziel aussuchten. Aber eines muss man auf den hier beschriebenen Touren sicher nicht befürchten: Massenaufläufe. Und ein paar Gleichgesinnte sind letztlich ja nun auch kein Problem. Außerdem könnte es sein, dass sich die »Geheim-

Pferde auf der Planeiler Alm (T. 29)

tipps« aus diesem Wanderbuch bald herumsprechen und sie deshalb in Zukunft ein wenig stärker frequentiert werden …
Übrigens geben auch die Mengen an Abfall, der leider immer wieder von sogenannten »Natur- und Bergfreunden« hinterlassen wird, Aufschluss darüber, wie oft eine Route oder ein Ziel begangen wird … Dass man seinen Abfall komplett (!) wieder mit ins Tal nimmt, sollte ein Autor eigentlich nicht erwähnen müssen.
Es gibt aber noch weitere Strategien, um auf einer Bergwanderung (auch auf beliebten Wegen!) allein zu sein oder nur wenig anderen Wanderern zu begegnen. In Südtirol bedeutet dies vor allem, wenn möglich die Hochsaison zwischen Mitte Juli und Ende August zu meiden. Gerade um den 15. August (Ferragosto) sind vermehrt italienische Bergfreunde unterwegs. Wer also auf die Hochsaison verzichten kann und es dann noch schafft, Wochenenden zu meiden, der wird zumindest auf den Touren in diesem Buch meist allein unterwegs sein.
Zwei Erlebnisse des Autors sollen dies ein wenig verdeutlichen: Er hatte das Glück, an einem Traumtag im Juni am sehr beliebten Dürrenstein in den Pragser Dolomiten mit seiner Partnerin eine Stunde allein am Gipfel zu verbringen. Und auch später stiegen an diesem Tag gerade mal zehn Wanderer auf den Gipfel – für den Dürrenstein eine lächerlich geringe Anzahl. Es war ein Freitag, die Pfingstferien und verlängerten Wochenenden mit den Feiertagen waren vorbei, die Sommerferien hatten noch nirgends begonnen, und es gab ein Schönwetterfenster von einem Tag. Wenn man flexibel ist, dann lässt sich das alles machen.
Ein anderes Mal hingegen hatte der Autor ein weniger schönes Erlebnis an einem Samstag im September auf der Sella-Hochfläche in den Dolomiten – solche Massen an Wanderern und Ausflüglern hatte er zuvor höchstens auf Seilbahnbergen erlebt.

Nun zu den »Risiken und Nebenwirkungen« und den Voraussetzungen, die unsere »Bergtouren abseits des Trubels« erfordern. Allein zu sein bedeutet in der Regel auch: abgelegene Ziele mit langen Anstiegen und meist ohne bewirtschaftete Hütten. Für einen Großteil der hier beschriebenen Touren ist eine solide bis sehr gute Kondition nötig. Aufstiege mit mehr als 1000 m Höhenunterschied sind in vielen Fällen üblich. Das bedeutet aber nun nicht, dass Wanderer ohne Top-Kondition das Buch sofort wieder weglegen können. Im Gegenteil, denn bei vielen Touren gibt es auch immer eines oder mehrere lohnende Zwischenziele, wie z. B. Bergseen.
Durch die Länge der Touren ist in vielen Fällen ein früher Aufbruch ratsam oder sogar unumgänglich. Früh zu einer Bergtour aufzubrechen ist grundsätzlich eine gute Idee. So kann man der größten Hitze entgehen. Morgens ist auch die Fernsicht entschieden besser, zumindest in den Sommermonaten. Außerdem weiß man nie, was der Tag so alles bringt, hat zeitlich mehr Spielraum, kann seine Pausen so oft und so lange machen, wie man möchte, und nicht zuletzt hat man bessere Chancen, allfälligen Gewittern auszuweichen. Ausschlafen kann man an anderen Tagen …
Eine Tourenanzahl von 36 mag auf den ersten Blick recht wenig erscheinen. Allerdings stand dem Autor nur eine bestimmte Anzahl an Seiten zur Verfügung. Und da es sich bei den hier beschriebenen Touren um eher wenig begangene Routen handelt, waren bisweilen ausführlichere Beschreibungen der Anstiege notwendig.
Zusätzlich finden die Leser Tipps für weitere lohnende Gipfelziele, die vom Autor begangen wurden. Diese führen z. T. zu bekannteren Zielen, manchmal aber auch durch wegloses Gelände, wofür dann zusätzliche Erfahrung nötig ist. So bietet dieses Wanderbuch alles in allem insgesamt etwas mehr als 50 Gipfelziele.

Typisches Blockgelände am Sefiarspitz (T. 22)

Praktische Informationen

Reisen in Südtirol – Öffentlicher Verkehr

In manchen Tälern Südtirols ist der ÖV sehr gut ausgebaut und ermöglicht so interessante und abwechslungsreiche Überschreitungen. Dies gilt vor allem für die Umgebung von Sterzing und das Ahrntal. Hier sind die Busverbindungen als »gut bis sehr gut« zu bezeichnen. In anderen Tälern ist das Angebot leider weniger gut. So kann man Vernagt im Schnalstal oder die Enzianhütte im Martelltal erst zwischen 8:30 und 9 Uhr erreichen. An Wochenenden sieht das Angebot oft noch schlechter aus.
Für Touren im Sommer sind diese Zeiten definitiv viel zu spät. In einigen Ferienorten wie im Obervinschgau werden vermehrt Wanderbusse angeboten, aber auch hier ist man selten vor 9 Uhr am Ausgangspunkt. Für kleine Wanderungen mag das ausreichen, nicht jedoch für längere Unternehmungen!
Unter www.sii.bz.it/de/siipdftimetables stehen die aktuellen Fahrpläne Südtirols als pdf-Dokument zur Verfügung.

Wetter und beste Jahreszeit

Südtirol gilt für Urlauber aus dem Norden gemeinhin als Schönwetterparadies, wo ständig die Sonne scheint und es auch nur ganz selten regnet. So viel zur subjektiven Wahrnehmung. Objektiv gesehen ist dies nicht immer der Fall. Gerade der Sommer 2012 war eher wechselhaft, zumindest in den Bergen, und das vor allem auch an den Wochenenden im Juli und August. Und Anfang September verhinderte ein recht stabiles Italientief über eine Woche lang zuverlässig viele Tourenaktivitäten.
Was der Autor damit sagen will: Natürlich muss man auch in Südtirol mit schlechtem Wetter rechnen und sich genauso ausrüsten, wie wenn man auf den heimischen Bergen der Alpennordseite unterwegs ist. Nur weil in

Alpenrosen (T. 18)

Meran oder Kaltern die Sonne scheint, muss dies auf den Höhen der Ötztaler Alpen oder der Pfunderer Berge nicht unbedingt genauso sein.
Dieser Wanderführer ist zunächst einmal für die Sommer- und Herbstmonate, also von Juni bis Oktober, bestimmt. In manchen Jahren sind Touren aber bereits im Mai und auch noch im November gut möglich. Dies gilt vor allem für die sonnigen Südhänge. Entscheidend ist in diesem Zusammenhang die Exposition. Vor allem auf südexponierten Hängen sind die Verhältnisse generell länger gut als auf den schattigen Nordseiten. So sind Südhänge oft noch bis weit in den Spätherbst begehbar, während auf den Nordseiten der Schnee schon viel früher liegen bleibt. Dies liegt daran, dass selbst im Oktober die Sonneneinstrahlung auf den Südseiten noch so stark sein kann, dass der Neuschnee innerhalb von wenigen Tagen wieder komplett verschwindet, während auf den Nordseiten die Sonne gar nicht mehr hinkommt. Aber auch zu Beginn des Sommers (in der Regel Ende Mai/Anfang Juni) ist man auf den Südseiten besser dran, weil diese früher ausapern. Dies ist aber in jedem Jahr anders, und wer sich vorab über die aktuellen Verhältnisse (Schneelage) informieren möchte, findet im Internet unter www.webcams-suedtirol.com eine große Anzahl an Webcams.

Bergdohle am Rosskopf (T. 16)

Ausrüstung

Hierzu möchte der Autor nur ein paar wichtige Tipps aus seiner jahrelangen Erfahrung geben:
Ein guter, stabiler Bergstiefel sollte ebenso selbstverständlich sein wie ein guter (und bequemer!) Rucksack. Auf höheren Gipfeln können Handschuhe und Mütze auch im Hochsommer nützlich sein. Teleskopstöcke gehören heute praktisch zur Standardausrüstung für Bergwanderer – sie schonen nicht nur die Gelenke beim Abstieg, sie geben beim Aufstieg auch Power und auf Schneefeldern zusätzliche Sicherheit.
Der Autor führt außerdem oft (Anfang der Sommersaison, im Herbst oder auf hohen Gipfeln) ein Paar Leichtsteigeisen (Grödeln) für vereiste Schneefelder mit sich. Sie wiegen fast gar nichts und bieten eine unschätzbare Sicherheitsreserve.
Gegen die Mitnahme eines Mobiltelefons ist grundsätzlich nichts einzuwenden, solange man sich nicht blind darauf verlässt. Denn es kann auch vorkommen, dass man keinen Empfang hat. Das Risiko-Management beginnt besser schon bei der Tourenplanung und nicht erst dann, wenn man bereits in Schwierigkeiten steckt!

Alpine Gefahren

Objektive Gefahren sind vor allem Steinschlag (bei Regen und nach Neuschnee!), Eis und Eisschlag. Steinschlag kann durch Wild (Gämsen, Steinböcke), aber natürlich auch durch andere Wanderer ausgelöst werden.
Gewitter kommen selten ohne Vorzeichen, und man kann ihnen durch einen frühzeitigen Aufbruch oder nötigenfalls durch eine rechtzeitige Umkehr begegnen. Falls man doch in ein Gewitter kommt, unbedingt Gipfel und Grate

verlassen! Durch eine zeitige und genaue Beobachtung sowie Analyse der Wetterentwicklung lassen sich diese Risiken minimieren.
Block- und Schuttfelder bieten in der Regel keine technischen Probleme, aber sie verlangen Trittsicherheit. Konzentration auf den nächsten Schritt und eine flotte Gehweise ist in Blockfeldern die halbe Miete. Bergführer sagen dazu: »Immer in Bewegung bleiben.« Schneefelder im harten und gefrorenen Zustand stellen eine der größten Gefahrenquellen dar. Hier helfen Stöcke, ein Pickel oder noch besser (Leicht-)Steigeisen.
Auskünfte und Ratschläge lassen sich bei Bergführern und Hüttenwirten einholen. Diese zu beachten lohnt sich, schließlich kennen die Einheimischen ihre Berge lange genug. In jedem Fall gilt der Grundsatz: Lieber umkehren, wenn die äußeren Bedingungen nicht stimmen oder man sich nicht fit fühlt – der Berg läuft nicht weg, er wartet, bis man wiederkommt.

Gehzeiten, Höhenmeter, Richtungsangaben

In älteren Führerwerken wurde in der Regel von 300 Höhenmetern pro Stunde ausgegangen – für Trainierte ist das nun überhaupt kein Problem, sie schaffen auch 400 oder mehr Höhenmeter pro Stunde. Weniger Trainierte dürfen die 300 als Richtwert nehmen. Für den Abstieg kann man als Faustregel mit ⅔ des Zeitbedarfs des Aufstiegs rechnen. Die hier angegebenen Zeiten verstehen sich übrigens als reine Gehzeiten ohne Pausen.
Bei den Höhenangaben sind Gegensteigungen in der Regel bereits eingerechnet.
Richtungsangaben verstehen sich normalerweise in Gehrichtung und nur in Ausnahmefällen im orografischen Sinn, also in Fließrichtung von Bächen, Flüssen oder Gletschern.

Markierungen

Auch in Südtirol sind mittlerweile (fast) alle Wanderwege einheitlich rot-weiß markiert und meist mit einer Wegnummer versehen. Allerdings ist die Qualität der Markierungen nicht überall gleich. Besonders die bekannten Gipfel sind oft schon übermarkiert, aber gerade die weniger begangenen Pfade und Steige sind meist deutlich sparsamer markiert. Auf manchen Pfaden sind die Markierungen bereits stark verblasst und bisweilen kaum erkennbar. Zudem stimmen die Angaben zu den Wegnummern in den Karten nicht immer mit der Realität überein.

Alte Markierung am Atzboden (T. 24)

Unter www.trekking.suedtirol.info findet sich eine Übersicht der markierten Wege in Südtirol mit Nummernangabe. Allerdings sind auch hier nicht alle tatsächlich markierten Wege und Steige eingetragen.

Einheitliche Beschilderung in Südtirol (T. 20)

Schwierigkeiten

Die Touren sind in drei verschiedene Kategorien eingeteilt. Dazu gleich vorneweg: Dieser Wanderführer richtet sich an Bergwanderinnen und Bergwanderer, die bereits Erfahrung im Bergwandern haben. Selbst die relativ einfachen blauen Touren verlangen ein Mindestmaß an Trittsicherheit! Ebenso werden Grundkenntnisse im Bergwandern vorausgesetzt, denn bei keiner der hier beschriebenen Touren handelt es sich um einfache Almwanderungen oder Spazierwege wie auf dem Latschander-Waalweg oder am Rittner Horn.

Die angegebenen Schwierigkeiten gelten bei guten Bedingungen. Regen, Schnee und Eis, aber auch Nebel können aus einer an sich einfachen Bergwanderung ein gefährliches Unternehmen machen!

Die absolute Höhe eines Ziels sagt übrigens rein gar nichts über die zu erwartenden Schwierigkeiten aus. Der Autor kennt Berge, die zwar unter 2000 m hoch, aber trotzdem anspruchsvoller als so mancher Dreitausender sind. Natürlich spielt die Höhe schon eine Rolle in Bezug auf die Verhältnisse im Gelände (Eis, Schnee).

Keine der Touren führt übrigens über Gletscher, sondern maximal über harmlose Gletscherreste.

Echte Kletterei wird nirgends verlangt, außer Blockkletterei im I. Grad, und bei einigen Touren werden die Hände zur Unterstützung des Gleichgewichts benötigt.

Daraus ergibt sich die folgende Einstufung:

Meist gut ausgeprägte Pfade und Steige, keine ausgesetzten oder heiklen Passagen. Trittsicherheit und ein elementarer Orientierungssinn sind Voraussetzung.

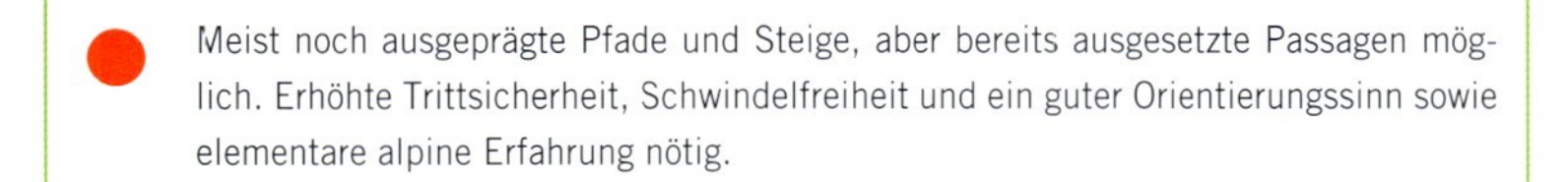

Meist noch ausgeprägte Pfade und Steige, aber bereits ausgesetzte Passagen möglich. Erhöhte Trittsicherheit, Schwindelfreiheit und ein guter Orientierungssinn sowie elementare alpine Erfahrung nötig.

Erfahrung in weglosem Gelände, z. T. ausgesetzte Passagen, vielfach leichte Blockkletterei (maximal Schwierigkeitsgrad I). Sehr gute Trittsicherheit, absolute Schwindelfreiheit, sehr guter Orientierungssinn und alpine Erfahrung nötig.

Unterkünfte und Hütten

Bei den meisten der hier beschriebenen Touren gibt es unterwegs keine Einkehr- und Übernachtungsmöglichkeiten! Falls doch, sind diese in der Randspalte aufgeführt.

Trollblume (T. 10)

Karten

Wanderkarten und das ewige Problem mit Ungenauigkeiten ... nun, ganz so schlimm wie es früher einmal war ist es heute nicht mehr.
Der italienische Hersteller Tabacco bietet schon seit Jahren recht zuverlässige Karten im Maßstab 1:25 000 an. Zwar haben auch diese Karten ihre Mängel und es gibt immer wieder mal Fehler. Diese werden jedoch, wie der Autor in vielen Fällen festgestellt hat, meist bis zur nächsten Auflage behoben. Was bei Tabacco vor allem positiv auffällt, ist die gegenüber anderen Anbietern deutlich höhere Anzahl an kotierten Punkten ohne Namen – ein sehr wichtiger Aspekt, gerade auch auf weniger begangenen Routen! Sehr viele der kotierten Punkte in diesem Buch verdankt der Autor den Karten von Tabacco.
Unter www.tabaccoeditrice.it gibt es eine Übersicht mit Blattschnitt. Die Karten sind übrigens vor Ort in Südtirol günstiger als in Deutschland erhältlich.
Und, man glaubt es kaum, auch Kompass hat mittlerweile durchaus konkurrenzfähige Produkte auf dem Markt. Kompass hatte früher einen sehr schlechten Ruf in Bezug auf Genauigkeit und Kartenbild. Logisch, denn Höhenlinien in Abständen von 100 m lassen kaum eine echte Einschätzung über das Gelände zu. Außerdem entpuppten sich Wege und Steige oft als echte Fantasieprodukte. Dies hat sich in den letzten zehn Jahren jedoch grundlegend geändert, seitdem die Karten auf GPS-Daten basieren. Obwohl die Karten noch immer (eher kleinere) Fehler haben, ist dem Hersteller fast schon ein Quantensprung gelungen. Was aber auch nicht allzu schwer war, wenn man die früheren Produkte als Maßstab nimmt.
Was dem Autor besonders gut gefällt, sind die neuen reiß- und wetterfesten Karten, die um einiges strapazierfähiger sind als Karten aus Papier. Wer viel unterwegs ist, den wird es freuen, wenn die Karten ein wenig länger halten. Außerdem liegt Südtirol komplett in digitaler Form und blattschnittfrei auf DVD vor, allerdings nur im Maßstab 1:50 000. Unter www.kompass.de gibt's weitere Infos.
Ergo: Beide Produkte sieht der Autor etwa auf Augenhöhe, obwohl die Karten von Tabacco insgesamt etwas exakter sind. Hier hat Kompass noch etwas Nachholbedarf. Dafür bieten sie mittlerweile aber strapazierfähigere Produkte an. Und welches Kartenbild man nun lieber mag, ist Geschmackssache. Klar kommen beide weder in puncto Schönheit und schon gar nicht in puncto Genauigkeit an die Karten von Swisstopo oder auch an die Alpenvereinskarten heran. Aber man kann mit ihnen mittlerweile recht gut unterwegs sein. Der Autor selbst hat fast immer je eine Karte von beiden Anbietern dabei. Bei den Touren sind jeweils beide Karten angegeben, wobei die Reihenfolge keiner Wertung entspricht. Es sind grundsätzlich beide Karten brauchbar. Auf größere Ungenauigkeiten wird im Text hingewiesen.

Ein Hinweis zur Schreibweise der Ortsnamen: Leider ist diese in den Karten nicht einheitlich, vor allem in ehemals rätoromanisch geprägten Regionen wie dem Vinschgau. Es gibt zwischen den einzelnen Herstellern Unterschiede, aber es gibt auch den Fall, dass ein Hersteller zwei verschiedene Versionen verwendet. So schreibt die aktuelle Kompasskarte den Gipfel Falbenairspitz mit »F« und das Tal Valbenairtal mit »V«. Logik? Daher möchte der Autor die Leser um Nachsicht bitten, wenn seine Schreibweise nicht immer mit ihrer Karte übereinstimmt, denn schließlich muss er sich für eine Schreibweise entscheiden.
Ähnliches gilt für Höhenangaben, denn auch diese sind nicht immer identisch. Auch in der Darstellung gibt es mitunter Schwächen. Dazu betrachte man die Blätter 031/Aufl. 2012 und 010/Aufl. 2010 von Tabacco bezüglich Tour 17: Der Anstieg vom Gemärk durchs Knappenfußtal ist im unteren Bereich in beiden Blättern unterschiedlich dargestellt!
Der Autor begegnet immer wieder Bergwanderern, die entweder eine Luftbildwanderkarte oder eine gezeichnete Panoramawanderkarte mit sich führen oder die sogar ganz ohne Karte unterwegs sind. Darüber kann man nur den Kopf schütteln. Eine topografische Wanderkarte gehört in jedem Fall zur Grundausstattung beim Bergwandern – dies gilt vor allem auf wenig begangenen und sparsam markierten Pfaden wie in diesem Buch! Der Autor möchte den Herstellern von Luftbildwanderkarten nicht zu nahe treten, aber ohne eine topografische Wanderkarte auf der Rückseite sind diese für Bergwanderungen absolut unbrauchbar. Mittlerweile werden die Luftbildwanderkarten manchmal in Kombination mit Wanderkarten auf der Rückseite angeboten, oft sind diese von Tabacco. Dann ist dagegen nichts einzuwenden. So schön die Luftbilder auch sind, zum Wandern sind sie völlig ungeeignet, weil sie das Gelände und die Entfernungen nicht korrekt wiedergeben können. Gleiches gilt für gezeichnete Panoramen, welche man oft bei Bergbahnen oder Tourismusbüros erhält: zum Anschauen ja, zum Wandern nein.

Führer

Über die Bergwelt Südtirols gibt es ganze Bibliotheken, und es ist dem Autor nicht möglich, auch nur einen kleinen Teil dieser Werke hier aufzuführen. Er möchte stattdessen auf ein bereits in der Einleitung erwähntes Buch hinweisen – für alle, die glauben, dass »vergessene Pfade« auf ewig bestehen …
Weisman, Alan: Die Welt ohne uns: Reise über eine unbevölkerte Erde, Piper Taschenbuch, 7. Auflage 2009, ISBN 978-3492253055

Alpenmargerite (T. 35)

Zwischen Brenner und Prags

Zillertaler Hauptkamm von der Gelltalspitze

1 Weißspitze, 2714 m

Am Kamm zwischen Brenner und Pfitscher Tal

mittel  1450 hm  6:45 Std.

Tourencharakter:
Lange und durch viele kleinere Gegenanstiege anstrengende, aber sehr aussichtsreiche Kammwanderung auf einen lohnenden Aussichtsgipfel. Trittsicherheit erforderlich, vor allem am Gipfelaufbau. Die geschätzten Gegenanstiege sind bereits eingerechnet.

Beste Jahreszeit:
Juli bis Oktober

Ausgangs-/Endpunkt:
Jausenstation Braunhof, 1345 m, oberhalb von Schmuders, einer Fraktion von Sterzing, Parkplatz. Alternativ Parkplatz Schlottried, 1557 m (etwas weiter oberhalb an der Straße zur Prantner Alm). Keine Busverbindung

Zwischenziel:
Saun

Gehzeit:
Braunhof – Saun 2 Std. – Weißspitze 2:15 Std. – Riedbergalm 1:30 Std. – Braunhof 1 Std.

Karte:
Kompass Nr. 058 Sterzing, Tabacco Nr. 038 Sterzing–Stubaier Alpen, beide 1:25 000

Markierung:
Rot-weiß, Nr. 3, 6, evtl. 3B, 6B

Einkehr:
Prantner Alm, 1818 m, geöffnet Mitte Mai bis Ende Okt., Tel. +39/333/465 60 09, www.prantneralm.com; Jausenstation Braunhof, 1345 m, Tel. +39/0472/76 46 95

Tourismus-Info:
Tourismusverein Sterzing, Stadtplatz 3, I-39049 Sterzing, Tel. +39/0472/76 53 25, www.sterzing.com

Wie so oft kommen fast alle Bergwanderer vom gleichen, hoch gelegenen Ausgangspunkt: Dies ist auch bei der Weißspitze der Fall, und sie ist deshalb auch kein einsamer Gipfel. Wer aber vom Saun über den langen Kamm zum Gipfel ansteigt, wird dort meist allein unterwegs sein. Und die vielen Edelweiße am Kamm bleiben dort …

Für alle, die es gern gemütlicher haben, bietet der Saun eine nette Rundtour: Aufstieg ab Braunhof wie im Text beschrieben zum Saun. Vom Gipfel auf Weg Nr. 6A zur Prantner Alm und wie im Text beschrieben wieder zum Braunhof (740 Hm, 3:30 Std. insgesamt, blau).

Zum Saun Vom **Braunhof**, 1345 m, zunächst mit Nr. 3 und Nr. 6 durch den Wald, dem Fahrweg und den Wegweisern folgend, bis der schöne Waldweg rechts abzweigt. In vielen Kehren wandern wir auf weichem Waldboden durch Lärchenwälder und erreichen zuletzt über offenes Gelände den **Saun**,

Am Kamm zwischen Saun und Weißspitze

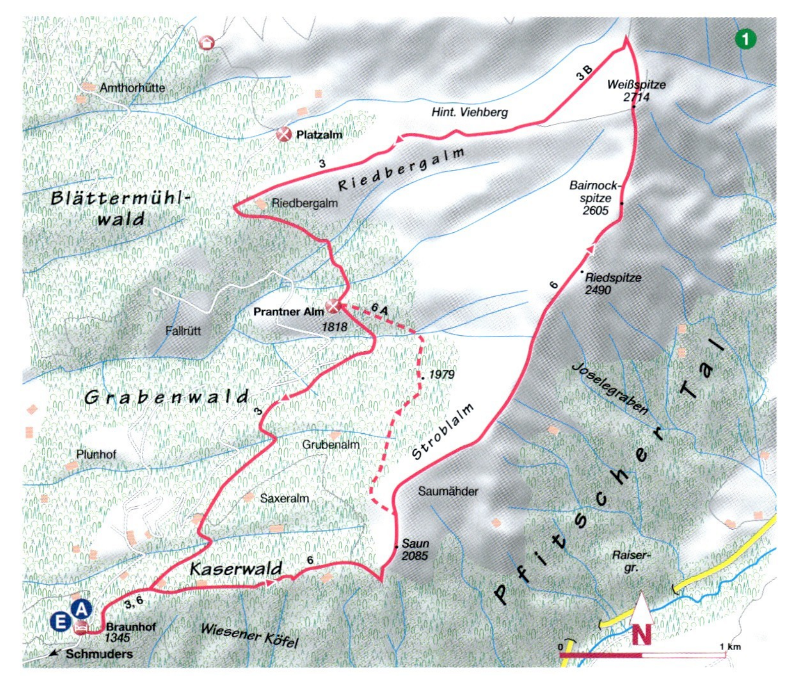

2085 m, mit Kreuz und Ruhebänken. Die Schulter ist zwar kaum als Gipfel anzusprechen, bietet aber einen wunderschönen Rundblick über die Sterzinger Bergwelt und ist als Einzelziel bereits sehr lohnend! Wer beim Parkplatz Schlottried parkt, erreicht den Saun auf markiertem Weg mit der Nr. 6B.

Rollspitze und Tuxer Kamm von der Weißspitze

Übergang zur Weißspitze Vom Saun flach hinüber zum Beginn des langen Kamms, über den die Wegspur ohne größere Orientierungsprobleme direkt über die Kammhöhe oder knapp darunter entlangführt. Lediglich kurz vor der Riedspitze, 2490 m, nicht dem Zaun folgen – die Markierungen queren hier mehr nach links in die Flanke hinein. Die in den Karten benannten unbedeutenden Erhebungen (Riedspitze, Bairnockspitze), die auch kaum auszumachen sind, werden fast alle umgangen. Im oberen Abschnitt ist an einer felsigen Stufe, die im Abstieg bewältigt werden muss, Trittsicherheit erforderlich. Zuletzt steigt der Pfad zum Gipfelaufbau und durch den hellen, namengebenden Kalk zum Gipfel der **Weißspitze**, 2714 m, an. Die Rundsicht ist sehr schön und wird nur im Norden etwas eingeschränkt. Die Fernsicht reicht bis zur Wildspitze, zum Cevedale und zu den Dolomiten. Gewaltig sind die Tiefblicke ins Pfitscher Tal!

Abstieg über die Riedbergalm Vom Gipfel entweder direkt am üblichen Weg über den Westkamm hinab oder aber ruhiger, mit ein paar ganz einfachen Kraxelstellen, in den **Sattel**, 2623 m, vor der Amthorspitze. In leichtem Auf und Ab queren wir zum Normalweg (Nr. 3B). Ab P. 2450 m geht's gemeinsam über den aussichtsreichen Westkamm zur **Riedbergalm**, ca. 1910 m, und weiter über einen Fahrweg zur **Prantner Alm**, 1818 m. Von hier ebenfalls teilweise auf Fahrwegen zurück zum Ausgangspunkt.

2 Wilde Kreuzspitze, 3132 m

anspruchsvoll

1770 hm

8:15 Std.

Tourencharakter:
Sehr lange und abwechslungsreiche Gipfeltour, die eine gute Kondition und einen sicheren Tritt verlangt. Beim Abstieg ins Großbergtal ist ein guter Orientierungssinn nötig, dazu der Blick für die nächste Markierung.

Beste Jahreszeit:
Ende Juli bis Ende September (Nordseite!)

Ausgangspunkt:
Burgum, 1369 m, Weiler im Pfitscher Tal, Anfahrt von Sterzing, kaum Parkmöglichkeiten, Bushaltestelle. Anreise besser mit dem Bus (Nr. 311) ab Sterzing

Endpunkt:
Fußendrass, 1384 m, Weiler im Pfitscher Tal, Bushaltestelle an der Straße Richtung Kematen, Bus (Nr. 311) nach Sterzing

Zwischenziel:
Sterzinger Hütte

Gehzeit:
Burgum – Sterzinger Hütte 2:30 Std. – Sattel (ca. 2610 m) 0:45 Std. – Wilde Kreuzspitze 1:30 Std. – Sattel (ca. 2610 m) 1 Std. – P. 2175 m 1 Std. – Fußendrass 1:30 Std.

Karte:
Kompass Nr. 081 Pfunderer Berge, Tabacco Nr. 037 Hochfeiler–Pfunderer Berge, beide 1:25 000

Markierung:
Rot-weiß, Nr. 2, 2A, 2B und 17

Einkehr:
Keine Möglichkeit; die Sterzinger Hütte ist geschlossen.

Tourismus-Info:
Tourismusverein Sterzing, Stadtplatz 3, I-39049 Sterzing, Tel. +39/0472/76 53 25, www.sterzing.com

Stille Pfade zum höchsten Pfunderer

Von Süden viel besucht, von Norden einsam – das sind die zwei Seiten der Wilden Kreuzspitze. Zwar sind auch die Steige aus dem Pfitscher Tal gut markiert, aber seitdem die Sterzinger Hütte nicht mehr geöffnet ist, müssen Auf- und Abstieg an einem Tag bewältigt werden. Bergerfahrung und eine gute Kondition sind Voraussetzung.

Die Zahl der Alpinwanderer, die aus dem Pfitscher Tal auf die Wilde Kreuzspitze steigen, war schon immer geringer als auf den viel begangenen Anstiegen von Süden von der Brixner Hütte oder der Fane-Alm. Seit 2008 ist zudem die Sterzinger Hütte aus besitzrechtlichen Gründen geschlossen, und laut Website des Südtiroler Alpenvereins bleibt dies bis auf Weiteres so. Das mögen viele Bergwanderer nun schade finden, aber wer über die notwendige Kondition verfügt, der wird auf diesem Anstieg die Ruhe und Stille erleben, welche die Aspiranten, die von der anderen Seite kommen, nicht haben. Knapp 1800 m Höhenunterschied sind allerdings auch kein Pappenstiel!

Zur Sterzinger Hütte In **Burgum**, 1369 m, folgen wir der Nr. 2, zunächst auf einem Fahrweg, der ins waldreiche Burgumer Tal hineinführt. Wir verlassen den Fahrweg aber schon bald nach rechts und queren am Hang entlang bis zu einer Brücke. Hier rechts bleiben, obwohl die Markierung links ist.
Wir passieren eine Tropfsteinquelle, die als geschütztes Naturdenkmal ausgewiesen ist, und queren weiter am Hang entlang mit z. T. sehr dichter, üppiger Vegetation, die schon fast wie im Urwald anmutet. Der Pfad verlangt unsere Aufmerksamkeit, weil er manchmal schlecht erkennbar und durch Waldarbeiten verunstaltet ist.
Der Pfad führt dann weiter bis zum Bach und quert diesen zur Straße bei einer Wasserfassung. Hier kurz nach links auf der Straße abwärts, bis rechts eine schwach erkennbare Pfadspur abzweigt. Dieser folgen wir und erkennen schon bald weiter oben an einer Alphütte eine Markierung. Steil wandern wir hinauf zur **Burgumer Alm**, 1996 m. Diese bleibt aber ebenso rechts wie eine kleine Schäferhütte. Bald zweigt der Pfunderer Höhenweg rechts ab, links geht's weiter zur Sterzinger Hütte. Hier und rund um die Sterzinger Hütte tummeln sich viele Murmeltiere, die in den Blockfeldern ein echtes Paradies vorfinden. Rasch erreichen wir die **Sterzinger Hütte**, 2348 m. Die Umgebung der Hütte lohnt sich bereits für alle, die keine Gipfelambitionen haben, aber dennoch eine ruhige Bergwanderung unternehmen wollen.

Zur Wilden Kreuzspitze Der Steig führt dann über Alpweiden unter dem Burgumspitz und ein paar unbenannten Zacken, zum Schluss steil und ein wenig mühsam, in einen ebenso namenlosen **Sattel**, ca. 2610 m, nordwestlich unter der Wilden Kreuzspitze.

Im Anstieg zur Wilden Kreuzspitze

Gipfel der Wilden Kreuzspitze

Wir halten uns nun rechts und folgen dem Steig, der in den blockigen Hang unter der Kreuzspitze hineinführt. Z. T. in Kehren quert die Spur die Nordwestflanke und erreicht zuletzt wieder steiler eine **Scharte** im Südwestgrat unseres Gipfels. Hier wechseln wir auf die sonnige Seite der Kreuzspitze und steigen am Grat entlang oder knapp rechts unterhalb davon an. Kurz unterhalb des Gipfels mündet von rechts der weitaus häufiger begangene Anstieg von der Brixner Hütte ein. Über ein paar Felsstufen erreichen wir

Bizarrer Zacken überm Burgumer Tal

das große Gipfelkreuz auf der **Wilden Kreuzspitze**, 3132 m. Die Rundsicht reicht sehr weit: Ortler, Wildspitze, Hochfeiler, Rieserferner, Dolomiten – man kann die Gipfel gar nicht zählen, die von hier oben zu sehen sind. Hinzu kommen schöne Tiefblicke in die beiden Täler nördlich unter dem Gipfel, die wir heute beide durchwandern. Wem die anderen Bergwanderer am Gipfel zu viel sind, der steigt einfach auf Wegspuren am Nordostgrat steil in einen kleinen Sattel hinab und auf der anderen Seite über eine Schuttflanke auf den zweiten Gipfel. Diesen ziert kein Kreuz, sondern nur ein Steinmann. Dafür ist es hier oben deutlich ruhiger, die Stimmen am Kreuz sind bereits ein gutes Stück weit weg.

Nach Fußendrass Zunächst wie im Aufstieg hinab in den **Sattel**, ca. 2610 m. Hier finden wir keinen Wegweiser, sondern lediglich auf einem Stein die Aufschrift »Nr. 11« und »Brixner Hütte 4 Std.«. Wir folgen vom Sattel den Markierungen – meist sind es nur rote Punkte. Achtung: Die Spuren, die nach rechts in den Hang unter der Wilden Kreuzspitze queren, führen zum Sandjoch! Unser Pfad hält sich links, verliert sich manchmal, wird dann wieder besser und führt vor allem im oberen Teil durch Geröll. Bei guter Sicht ist das alles kein Problem, denn die Markierungen sind meist gut auf den Steinen erkennbar.
In der ebenen, großen Mulde können wir dann schon von weitem auf einem großen Stein eine Aufschrift erkennen. Hier verzweigen sich die Wege, und auf der linken Seite des Steins finden wir die Aufschrift »Pfitsch Nr. 17«. Zunächst noch flach, dann über einen steilen Rasenhang steigen wir ins **Großbergtal** hinunter. Der nicht immer gut sichtbare Pfad macht noch einen Bogen und erreicht dann den Fahrweg im Großbergtal bei P. 2175 m. Hier sind die wilden und vergessenen Pfade zumindest für heute wieder Geschichte, erwartet uns doch nun noch ein recht langer Hatsch auf dem Fahrweg nach **Fußendrass**, 1384 m, der sich leider nur im untersten Abschnitt ein paarmal abkürzen lässt.

Steinmann auf dem zweiten Gipfel der Kreuzspitze

3 Grabspitz, 3059 m

Steil – steiler – Grabspitz

anspruchs-voll 1620 hm 7:45 Std.

Tourencharakter:
Sehr steile und anstrengende Tour auf einen fast nur von Einheimischen besuchten Dreitausender. Bergerfahrung, absolute Trittsicherheit und Schwindelfreiheit erforderlich, vor allem beim teilweise ausgesetzten Übergang zum Hauptgipfel. Nur bei absolut sicherem Wetter gehen! Insgesamt längst nicht so einfach, wie in manchen Führerwerken beschrieben.

Beste Jahreszeit:
Ende Juli bis Mitte September (Nordseite!)

Ausgangs-/Endpunkt:
Pfitsch-Überwasser, 1442 m, Weiler im Pfitscher Tal, Anfahrt von Sterzing, Bushaltestelle, kleiner Parkplatz direkt am Pfitscher Bach gegenüber vom Pfitscherhof. Bus (Nr. 311) ab und bis Sterzing

Gehzeit:
Überwasser – P. 1914 m 1:30 Std. – Sattel (ca. 2780 m) 2 Std. – Grabspitz 1 Std. – Sattel (ca. 2780 m) 0:45 Std. – P. 1914 m 1:30 Std. – Überwasser 1 Std.

Karte:
Kompass Nr. 081 Pfunderer Berge, Tabacco Nr. 037 Hochfeiler–Pfunderer Berge, beide 1:25 000

Markierung:
Rot-weiß, Nr. 11

Einkehr:
Keine Möglichkeit

Tourismus-Info:
Tourismusverein Sterzing, Stadtplatz 3, I-39049 Sterzing, Tel. +39/0472/76 53 25, www.sterzing.com

Von einer Tour zum Grabspitz wird man vor allem die Erkenntnis mitbringen, dass es sich dabei um eine sehr steile Angelegenheit handelt. Lediglich zwei Passagen geben kurz Zeit zum Verschnaufen. Wer nach dieser Tour seine Gelenke und Muskeln nicht spürt, war definitiv gedopt!

Richtig aussichtsreich wird die Tour erst im letzten Abschnitt, wenn der Graben bereits tief unter uns liegt. Beeindruckend sind die »Sägezahngrate«, die beim Aufstieg bedrohlich über uns in den Himmel wachsen.

Zum Grabspitz Von **Pfitsch-Überwasser**, 1442 m, folgen wir den Markierungen Nr. 11, zunächst links vom Bach (nach rechts ist der Durchgang zwischen den Höfen verboten!), bis wir den Bach nach rechts auf einer Brücke überqueren können. Dann wandern wir auf einem breiten Wirtschaftsweg weiter. Dieser wird schon bald zum Wanderweg, der in vielen Kehren steil durch den Wald ansteigt und in einem Bogen durch etwas flacheres Gelände die Wegverzweigung bei **P. 1914 m** erreicht.
Hier rechts ab und wieder steiler durch das Weidegelände empor. Wir queren einige Bachläufe und gelangen so auf die andere Talseite. Durch eine Art Engstelle führt unser Pfad sehr steil in eine höhere Mulde hinein.

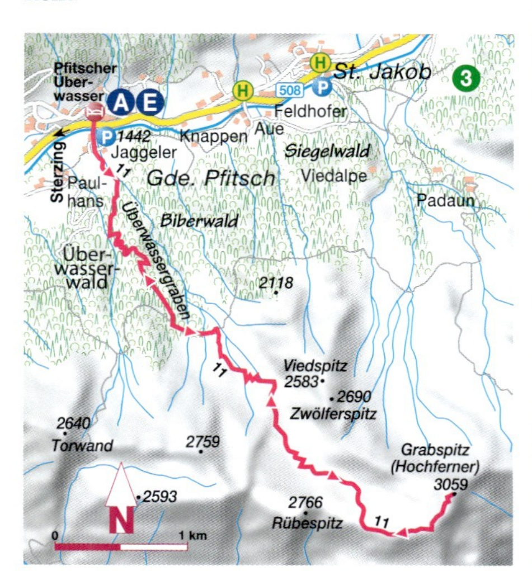

Hier legt sich das Gelände zwar ein wenig zurück, dafür wird es steiniger, während wir in Kehren ansteigen. Wir sind nun in einer eigenen kleinen Welt, die sich bereits sehr abgeschieden anfühlt … Nach einer etwas flacheren Passage folgt ein kurzer Anstieg in einen namenlosen **Sattel**, ca. 2770 m, im Westsüdwestgrat des Grabspitz. Hier sind wir wieder ein wenig von der engen Welt im steilen Graben unter uns befreit. Es gibt auch wieder so etwas wie eine Aussicht, und genau gegenüber ragt die »Königin der Pfunderer« auf – die Wilde Kreuzspitze.

Vom Sattel steigen wir zunächst fast direkt über die Grathöhe an – weiter oben verläuft der Pfad dann meist knapp unterhalb dieser. So erreichen wir den **Vorgipfel**, 3024 m. Nun folgen ein zwar kurzer, aber doch kurzzeitig sehr ausgesetzter Grat und eine ebenso ausgesetzte Querung – nur für Schwindelfreie und Trittsichere! Wer sich das nicht zutraut, kann auch vom Vorgipfel die Rundsicht ohne »Verluste« genießen. Die letzten Meter durch sandiges Geröll sind dann wieder völlig problemlos, und wir erreichen so das Gipfelkreuz am **Grabspitz**, 3059 m. Die Rundsicht reicht bis zum Ortler und zu Cevedale, Brenta und Adamello. Dazu Dolomiten, Hochgall, Hochfeiler, Olperer, Patscherkofel, Karwendel, Zugspitze, Wildspitze und Weißkugel – also fast alles, was in Tirol Rang und Namen hat.

Ausgesetztes Gratstück zwischen Vorgipfel und Grabspitz

Nach Überwasser Der Abstieg erfolgt auf derselben Route.

Am Grabspitz mit Tuxer Kamm

Ein vergessener Pfad

Zu Beginn der Tour kann man auch einem anderen, nicht markierten Pfad folgen. Dazu nicht wie beschrieben über die Brücke, sondern links vom Bach des Überwassergrabens bleiben und in den Wald hinein. Der gut ausgeprägte Pfad führt dann anhaltend steil durch dichten Wald. Auf einer Lichtung trifft man knapp oberhalb einer Hütte auf die Wegmarkierung 11A. Dieser rechts haltend in südwestlicher Richtung folgen, einen Bach überqueren und weiter bis man bei P. 1914 m auf die Wegverzweigung trifft. Weiter wie oben beschrieben. Nur für orientierungs- und trittsichere Bergwanderer!

4 Wetterspitze, 2709 m

Überschreitung von Ridnaun nach Pflersch

mittel | 1340 hm 1470 hm | 6:30 Std.

Tourencharakter:
Großzügige Gipfelüberschreitung zwischen zwei Tälern der südlichen Stubaier Alpen, die eine gute Kondition erfordert. Für den Gipfelanstieg ist Trittsicherheit wichtig.

Beste Jahreszeit:
Juli bis Oktober

Ausgangspunkt:
Maiern, 1370 m, letzter Weiler im Ridnauntal, Parkplatz, Bushaltestelle. Anreise für eine Überschreitung in jedem Fall besser mit dem Bus (Nr. 312) ab Sterzing

Endpunkt:
Innerpflersch, 1246 m, hinterster Weiler im Pflerschtal, Bushaltestelle noch gutes Stück unterhalb der Kirche. Bus (Nr. 313) nach Sterzing

Zwischenziel:
Prischer Albl

Gehzeit:
Maiern – Prischer Albl 2:15 Std. – Maurerscharte 1 Std. – Wetterspitze 0:30 Std. – Maurerscharte 0:15 Std. – Alrißalm 1:45 Std. – Innerpflersch 0:45 Std.

Karte:
Kompass Nr. 058 Sterzing, Tabacco Nr. 038 Sterzing–Stubaier Alpen, beide 1:25 000

Markierung:
Rot-weiß, Nr. 27

Einkehr:
Prischer Albl, 2160 m, geöffnet während der Alpzeit, dann Getränke erhältlich (Angabe ohne Gewähr!); Alrißalm, 1534 m, über dem Pflerschtal, im Sommer geöffnet, Tel. +39/349/64 83 58

Tourismus-Info:
Tourismusverein Sterzing, Stadtplatz 3, I-39049 Sterzing, Tel. +39/0472/76 53 25, www.sterzing.com

»Wetterberge« waren und sind für die Bewohner der Berge als Schlechtwetterboten eher negativ behaftet. Wer aber einen sicheren und im Idealfall klaren Tag abwartet, hat auf der Wetterspitze zwischen Ridnaun und Pflersch nichts zu befürchten – schon gar keine Massenaufläufe.

Die Wetterspitze ist ein gutes Beispiel dafür, dass auch in Südtirol (Gipfel-)Überschreitungen mit dem ÖV möglich sind. Neben dem Ahrntal hat die Stadt Sterzing mit ihrer Umgebung das wohl beste Busangebot für Bergwanderer. Die Wetterspitze wird überwiegend von Einheimischen bestiegen.

Zur Prischer Alm Von **Maiern**, 1370 m, führt der Anstieg zunächst zu den Häusern von Gesennen und dann weiter steil durch den Wald hinauf zu den untersten Elleswiesen. Im Wald ist gut auf die Markierungen zu achten. Weiter oben führt der Anstieg über offenes Weidegelände, kreuzt dabei zweimal die Almstraße und erreicht das **Prischer Albl**, 2160 m.

Zur Wetterspitze Von der Alm folgen wir zunächst ein Stück weit dem Ridnauner Höhenweg. Auf der Rippe, die von der Wetterspitze herabzieht,

zweigt unser Pfad links ab. Es folgt ein schöner Anstieg, zunächst über die Rippe selbst und weiter oben durch Blockwerk in die **Maurerscharte**, 2511 m. Hier setzt der zu Beginn etwas schärfere, aber problemlose Grat zur Wetterspitze an. Der Grat wird bald schon wieder zum breiten Rücken. Kurz unter dem Vorgipfel wartet nochmals eine schmälere Passage, die Trittsicherheit verlangt, bevor wir in einem kurzen Gegenanstieg das große Kreuz auf der **Wetterspitze**, 2709 m, erreichen. Die Rundsicht ist sehr weit reichend – bis zur Ortlergruppe, zu den Dolomiten und zum Hochfeiler. Dazu die höchsten Berge der Stubaier Alpen mit Zuckerhütl und Wildem Freiger. Am meisten beeindrucken aber der Pflerscher Tribulaun und die nahe, sehr zackige Maratschspitze.

Abstieg von der Maurerscharte

Nach Innerpflersch Vom Gipfel wieder zurück in die **Maurerscharte**. Von hier führt der gute Steig rechts haltend zunächst durch Blockfelder hinab. Schon bald aber bestimmen wieder Alpweiden das Bild. Der Abstieg durch das schöne Alrißtal zieht sich dann doch reichlich in die Länge, bis wir endlich die **Alrißalm**, 1534 m, erreichen. Von hier geht's z. T. auf Wanderwegen, z. T. auf Fahrwegen hinab nach **Innerpflersch**, 1246 m.

Pflerscher Tribulaun

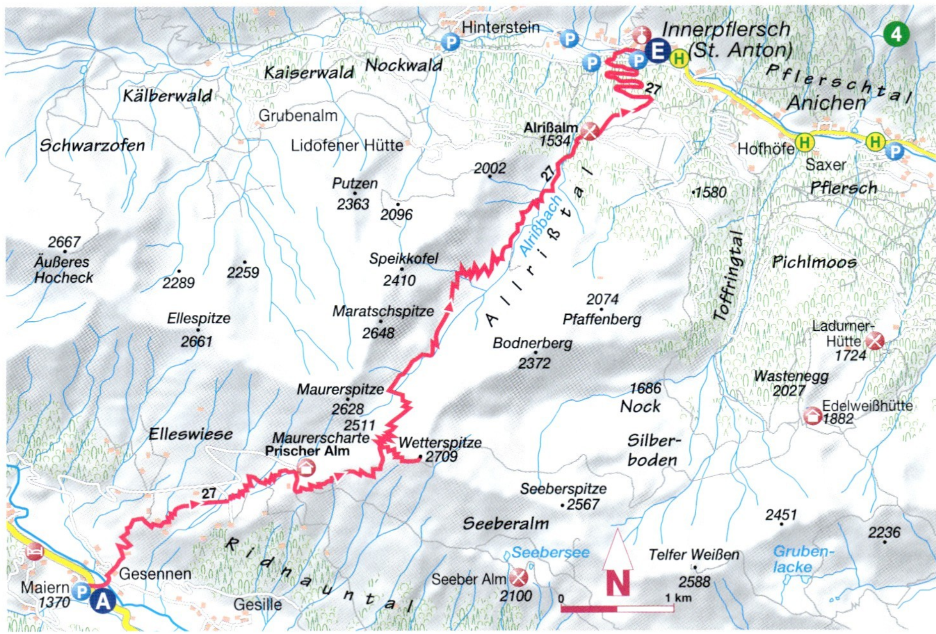

5 Mittagspitze, 2052 m

Kleiner Gipfel überm Jaufental

mittel 600 hm 3:30 Std.

Tourencharakter:
Trotz kurzem Anstieg mit moderatem Höhenunterschied ist die Tour keinesfalls zu unterschätzen! Sie verlangt Orientierungssinn, absolute Trittsicherheit und bei der Überschreitung der Kammhöhe auch Schwindelfreiheit. Sie ist also eher als »dunkelrot« einzustufen. Ungeübten ist von dieser Tour abzuraten!

Beste Jahreszeit:
Ende Juni bis Oktober

Ausgangs-/Endpunkt:
Schluppes, ca. 1480 m, oberster Weiler im Jaufental, nur ganz wenige Parkmöglichkeiten am Wegbeginn oberhalb von Schluppes. Keine Busverbindung, ab Sterzing nur bis Mittertal (Nr. 314)

Gehzeit:
Schluppes – Mittagspitze 2:15 Std. – Schluppes 1:15 Std.

Karte:
Kompass Nr. 058 Sterzing, Tabacco Nr. 038 Sterzing-Stubaier Alpen, beide 1:25 000

Markierung:
Rot-weiß, Nr. 16. Der Abstiegspfad ist vereinzelt mit roten Punkten an Bäumen markiert. Die in manchen Karten angegebene Nr. 12 führt zur Hochplattspitze!

Einkehr:
Ungererhofschenke, Schluppes, Jaufental 6, I-39040 Ratschings, Tel. +39/0472/76 53 25, Mobil +39/333/40 01 926, www.ungerer.bz.it, Mo+Di Ruhetage

Tourismus-Info:
Tourismusverein Sterzing, Stadtplatz 3, I-39049 Sterzing, Tel. +39/0472/76 53 25, www.sterzing.com

Nicht immer geben Wanderkarten das Gelände exakt wieder. Das ist aber auch gar nicht möglich, weil eben vieles generalisiert werden muss. Wer's bezweifelt, der unternehme die Tour zur Mittagspitze und lasse sich überraschen – denn was auf der Karte nach einem kurzen Spaziergang aussieht, ist durchaus eine richtige Bergtour.

Diesen kleinen Gipfel kennen fast nur Einheimische. Er fällt ja nun nicht wirklich auf, und auch der Autor hat ihn erst entdeckt, als er auf seinen Landkarten nach »vergessenen Pfaden« suchte. Im Abstieg begehen wir dann einen tatsächlich vergessenen Pfad: Der kleine Steig in der Nordwestseite der Mittagspitze war in alten Karten noch eingezeichnet. Er ist zumindest im Abstieg recht einfach zu finden.

Zur Mittagspitze Oberhalb von **Schluppes**, ca. 1480 m, wandern wir zunächst auf dem Fahrweg, der Richtung Sterzinger Jaufenhaus führt. Bei **P. 1528 m** zweigen wir links ab und überqueren den Jaufentaler Bach.
Sogleich wird's richtig steil, und wir gewinnen im Wald und über Lichtungen rasch an Höhe. Wir queren mehrere Bäche und (im Sommer 2012) auch unzählige Bäume. Einheimische erzählten dem Autor, dass diese nicht von Unwettern oder Lawinen, sondern vom Schneedruck gefällt wurden.

Rückblick zur Hochplattspitze

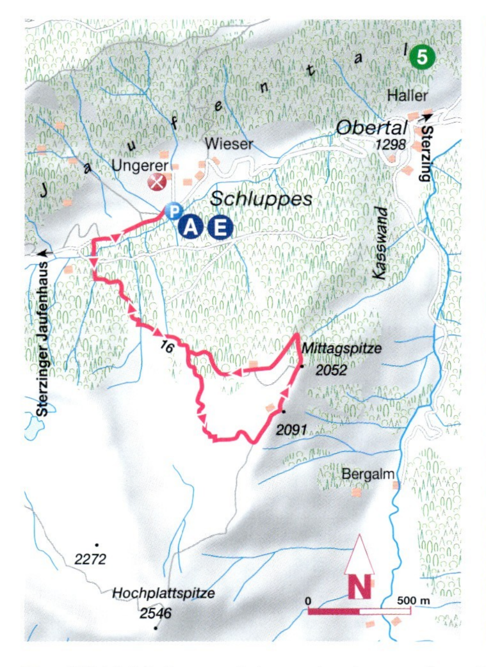

Gipfel der Mittagspitze mit den Stubaier Alpen

Der Wald bleibt zurück, und wir wandern über offenes Gelände auf die Hochplattspitze zu. Dabei entfernen wir uns zunächst von unserem Ziel; dann führt der Pfad in einem Bogen zum Grat zwischen den beiden Gipfeln. Der Anstieg zur Grathöhe ist sehr steil, aber die Sträucher, Büsche und Bäume lassen kein allzu großes Gefühl der Ausgesetztheit aufkommen. Dieses erwartet uns dann oben am Grat, der teilweise recht schmal ist und auf beiden Seiten sehr steil abbricht. Wir halten uns links und überschreiten **P. 2091 m**, den höchsten Punkt der Tour. Es folgt noch eine weitere etwas ausgesetzte Erhebung, dann sehen wir unter uns das Gipfelkreuz. Einfach steigen wir am nun breiten Kamm hinab zur **Mittagspitze**, 2052 m, die uns eine schöne Aussicht auf die Stubaier und die Zillertaler Alpen bietet. Dazu aber auch ungewohnte Einblicke in die völlig unbekannte Nordseite der Sarntaler Alpen, zu denen auch unser Gipfel gehört.

Stubaier Alpen vom Anstieg zur Mittagspitze

Nach Schluppes Vom Gipfelkreuz steigen wir am Nordgrat auf gut erkennbarer Pfadspur z. T. steil, aber gut gestuft zunächst immer in Kammnähe ab. Erst ein gutes Stück weiter unten wendet sich der Pfad nach links und quert in die Lawinenverbauungen hinein. Mit etwas Aufmerksamkeit und bei guter Sicht lässt sich der Pfad gut erkennen und bis zur Einmündung in unseren Anstiegsweg einfach begehen. Von hier wie im Aufstieg hinab nach Schluppes.

6

Zinseler, 2422 m

leicht  1460 hm  6:45 Std.

Tourencharakter:
Lange und bisweilen auch etwas mühsame Tour auf einen der schönsten Aussichtsberge rund um Sterzing. Für den langen Anstieg ist eine sehr solide Kondition erforderlich. Kürzere Variante möglich. Der Gipfelaufbau verlangt Trittsicherheit. Bei schlechter Sicht gut auf die Markierungen achten!

Beste Jahreszeit:
Juni bis Oktober

Ausgangs-/Endpunkt:
Stilfes, 962 m, sehenswertes Dorf, Fraktion der Gemeinde Freienfeld im oberen Eisacktal (Wipptal), Parkplatz. Bus (Nr. 310) ab Sterzing und Brixen nur bis Freienfeld

Zwischenziel:
Weiße Wand, aber auch bis hierher sind es gut 3 Std. Aufstieg – wer diesen Vorgipfel schafft, der sollte auch den Zinseler erreichen.

Gehzeit:
Stilfes – Penser-Joch-Straße 0:45 Std. – Sattel (2168 m) 2:15 Std. – Zinseler 1 Std. – Sattel (2168 m) 0:45 Std. – Penser-Joch-Straße 1:30 Std. – Stilfes 0:30 Std.

Karte:
Kompass Nr. 058 Sterzing, Tabacco Nr. 038 Sterzing–Stubaier Alpen, beide 1:25 000

Markierung:
Rot-weiß, Nr. 14A

Einkehr:
Keine Möglichkeit

Tourismus-Info:
Tourismusverein Sterzing, Stadtplatz 3, I-39049 Sterzing, Tel. +39/0472/76 53 25, www.sterzing.com

Lange Pfade zum Sterzinger Hausberg

Warum soll man gut vier Stunden auf einen Gipfel steigen, den man ganz locker auch in eineinhalb Stunden haben kann? Die Antwort auf diese Frage hatte ein Einheimischer, dem der Autor begegnete: »Auf dem Weg von Stilfes zum Zinseler ist man immer allein unterwegs!«

Der Zinseler im nordöstlichen Teil der Sarntaler Alpen ist einer der Hausberge Sterzings und bietet neben einer schönen Fernsicht auch einen sehr informativen Überblick über den Sterzinger Talkessel und das Tourengebiet rund um das obere Eisacktal (Wipptal). Bis zum Bau der Straße über das Penser Joch war der Zinseler nur auf langen Wegen zu erreichen. Kurz vor dem Zweiten Weltkrieg wurde die Straße über das Penser Joch fertiggestellt. Seitdem ist der Zinseler von der Passhöhe in gut 1:30 Std. zu erreichen.

Am Zinseler mit den Stubaier Alpen

Namenloses Seeauge im Sattel zwischen Weißer Wand und Zinseler

Die alten Pfade aus dem Eisacktal haben seit dem Bau der Straße ihre Bedeutung verloren. Unterwegs trifft man denn auch fast ausschließlich Einheimische, die um die Stille der alten Pfade und Steige wissen. Weniger erfreulich war für den Autor die Begegnung mit gefühlt etwa einer Million Stechmücken – diese waren an dem Tag im Juni offensichtlich ganz besonders aktiv, und wohl nicht umsonst trägt ein anderer Weg ab Stilfes den Namen »Mückensteig«. Ein früher Aufbruch ist wegen der Länge der Tour und des ostseitigen Anstiegs unbedingt zu empfehlen. Wir bewegen uns in einem abgelegenen Gebiet – hier sind Zeitreserven wichtig, falls man sich verläuft. Außerdem ist der Anstieg oberhalb der Waldgrenze komplett der Sonne ausgesetzt. Lediglich die vielen Forststraßen im unteren Abschnitt sind ein kleiner Schönheitsfehler der Tour.

Zum Zinseler In **Stilfes**, 962 m, folgen wir zunächst den Wegweisern mit der Nr. 14A. Hinter dem Dorf steigt der geteerte Fahrweg ein wenig an. Bereits am Waldrand verlassen wir ihn nach links und folgen dem markierten Wanderweg bis zu einer Kreuzung. Hier überqueren wir den breiten Fahrweg und folgen dem nun wieder schmäleren Pfad leicht fallend in den Bachtobel hinein.

Tiefblick auf Sterzing von der Weißen Wand

Auf der anderen Seite steigen wir wieder an und folgen nun einem wunderschönen Hohlweg. Hier erinnert uns nur der Lärm von Autostrada und Eisenbahn an die Zivilisation. Wir erreichen die Straße zum Penser Joch (begrenzte Parkmöglichkeit), überqueren diese und folgen weiterhin dem gut erkennbaren Pfad durch schönen Wald, später auch über freie Lichtungen, mit schönen Ausblicken nach Sterzing.
Auch dieser Pfad mündet in eine Forststraße. Hier nur kurz links und dann gleich wieder rechts halten (Markierung an einem Baum). Bei der nächsten Abzweigung bleiben wir rechts und ignorieren die neue Forststraße, die links abzweigt. Kurz darauf biegt links ein schmälerer Ziehweg ab, dem wir nun folgen. Dieser mündet weiter oben kurzzeitig wieder in die Forststraße, die wir unten verlassen haben. Kurz darauf erneut links abbiegen. Unser Pfad führt links von einem Bachtobel empor und kreuzt weiter oben nochmals eine Forststraße. Dies ist im Anstieg allerdings das letzte Mal!
Der Pfad bleibt weiterhin links vom Bach, der uns mit seinem Rauschen begleitet. Endlich geben schöne Lichtungen auch den Blick auf die umliegenden Berge frei: ins Pfitscher Tal, in die Brenner-Region und zum Zinseler, der sich direkt über uns erhebt. Der Wald bleibt schließlich zurück, und gerade in diesem Bereich ist der Pfad nicht immer ausgeprägt. Wir halten uns mit Vorteil links (Markierung auf einem großen Stein) – Achtung bei schlechter Sicht! In einem Bogen erreichen wir einen kleinen Sattel bei einer **Schäferhütte**.

Kürzere Varianten

Wer mit dem Auto bis zur Penser-Joch-Straße (Hinweis im Text) fährt, spart insgesamt 1:15 Std. und 250 Hm. Allerdings ist dort nur sehr wenig Parkraum vorhanden, maximal für 4–5 Pkws! Der Zinseler ist außerdem ganz bequem vom Penser Joch erreichbar (300 Hm mit Gegensteigung (!), 2:30 Std. insgesamt, blau). An Werktagen außerhalb der Saison (Juni, September, Oktober) ist selbst dieser kurze Anstieg kaum überlaufen.

Steinmännerkolonie am Zinseler vor dem Stubaier Hauptkamm

Auch im weiteren Anstieg ist der Pfad nicht immer ausgeprägt, und es lohnt sich, stets nach oben nach der nächsten Markierung zu schauen. Im **Sattel**, 2168 m, zwischen Zinseler und Weißer Wand erwartet uns ein **Minisee**, der ab Hochsommer vermutlich ganz verschwindet, im Frühsommer aber ein sehr schönes Fotomotiv abgibt.
Rechts haltend führt der nun wieder deutliche Pfad zunächst noch flach zum Gipfelaufbau. Der Schlussanstieg ist steil, und in Kehren führt der Pfad über den breiten Kamm direkt in den Blockschutthang aus rotbraunem, verwittertem Gestein hinein.
Dieser verlangt Trittsicherheit, ist aber nirgends ausgesetzt. Auf den letzten Höhenmetern legt sich der Berg zurück, und über Gras und Blöcke geht's hinauf zum Gipfelkreuz auf dem **Zinseler**, 2422 m.
Die Rundsicht ist phänomenal und reicht sehr weit: im nördlichen Halbrund der Alpenhauptkamm von der Texelgruppe über die Stubaier zu den Zillertaler Alpen und den Pfunderer Bergen, im Süden und Südwesten die unbekannten Berge der Sarntaler Alpen und links davon die Dolomiten.

Nach Stilfes Der Abstieg erfolgt auf derselben Route. Der kurze Abstecher vom Sattel, 2168 m, zur **Weißen Wand**, 2205 m, lohnt sich in jedem Fall, denn von hier ist der Blick auf das Sterzinger Becken viel freier als vom Zinseler (40 Hm, 0:15 Std. insgesamt, blau).

7 Kampelespitze, 2088 m

Einsame Höhe über dem Eisacktal

leicht 1270 hm 6:30 Std.

Tourencharakter:
Stille und wenig bekannte Tour auf einen nur sehr selten besuchten Gipfel über dem Eisacktal. Trittsicherheit erforderlich, vor allem für den teilweise sehr steilen Abstieg ins Eisacktal, aber auch für den gut angelegten Nocksteig. Der Gipfelanstieg verlangt zudem Orientierungssinn.

Beste Jahreszeit:
Juni bis Oktober

Ausgangs-/Endpunkt:
Mauls, 905 m, Fraktion der Gemeinde Freienfeld im oberen Eisacktal (Wipptal), Parkplatz. Bus (Nr. 310) ab und bis Sterzing und Brixen

Zwischenziel:
Planeralm

Gehzeit:
Mauls – Planeralm 3 Std. – Kampelespitze 0:30 Std. – Planeralm 0:30 Std. – Plan 1 Std. – Mauls 1:30 Std.

Karte:
Kompass Nr. 058 Sterzing, Tabacco Nr. 037 Hochfeiler–Pfunderer Berge, beide 1:25 000

Markierung:
Rot-weiß, Nr. 11; Gipfelanstieg weg- und markierungslos

Einkehr:
Planeralm, nur fallweise geöffnet, kein Telefon

Tourismus-Info:
Tourismusverein Sterzing, Stadtplatz 3, I-39049 Sterzing, Tel. +39/0472/76 53 25, www.sterzing.com

Viele Berge über dem Eisacktal sind nicht sehr populär – dies gilt auch für die Kampelespitze. Der Wanderweg N. 11 zwischen Planeralm und Jochtal führt in »sicherer« Entfernung daran vorbei, sodass kaum Wanderer von ihr Notiz nehmen. Der Gipfel fällt ja auch kaum auf und gleicht eher einer Hochfläche.

Zur Planeralm Von **Mauls**, 905 m, führt der Weg sofort steil durch den Wald bis zum Kasslerhof, 1065 m. Weiter auf einer asphaltierten Straße zum Schmalzerhof. Dort zweigen wir rechts ab, nehmen eine Kehre auf dem Fahrweg mit und zweigen dann wieder nach rechts in den Wald ab.
Zweimal kreuzen wir noch den Fahrweg, dann geht's am **Nocksteig** immer steiler empor. Immer dann, wenn wir meinen, bereits am Kleinen Nock zu sein, kommt noch eine weitere Erhebung oder Kehre … Der Nocksteig ist ein schöner, gut angelegter Waldpfad, der aber Trittsicherheit erfordert, vor allem wenn er in die linke Flanke wechselt.
Die kaum wahrnehmbare Erhebung des Kleinen Nock umgehen wir rechts und kommen in leichtem Auf und Ab auf die Hochfläche am **Großen Nock**,

Sarntaler Alpen vom Nocksteig

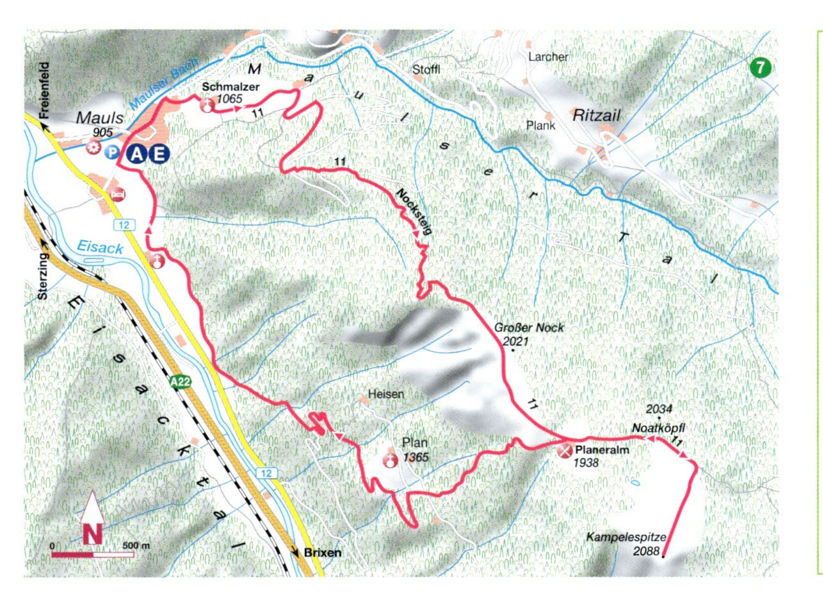

Hinweis

Es ist möglich, dass die Abstiegsvariante in absehbarer Zeit nicht mehr begehbar ist, weil genau dort, wo der Abstiegsweg den Talboden erreicht, eine große Baustelle für den Brenner-Basistunnel eingerichtet wurde und dabei große Erdbewegungen stattgefunden haben. Bitte unbedingt vorher informieren! Alternativ kann man bei der im Text erwähnten Abzweigung auf ca. 1100 m auch der Höfestraße ins Tal folgen. Allerdings muss man dann ca. 1,5 km in nördlicher Richtung an der viel befahrenen Staatsstraße Nr. 12 entlangwandern.

2012 m – ein schöner Rastplatz! Auf deutlich weniger steilem Pfad erreichen wir absteigend die **Planeralm**, 1938 m.

Zur Kampelespitze Von der Alm bleiben wir zunächst auf dem breiten Weg N. 11 Richtung Jochtal. Wir folgen dem nur leicht ansteigenden Weg so lange, bis wir eine breite Wiesenfläche erreichen und wir ihn nach rechts (südlich) über freies Gelände verlassen können. Beliebig steigen wir dann Richtung Gipfel auf; Trittspuren von Rindern und Schafen sind uns dabei behilflich, und ein Hochsitz sei hier als Orientierungspunkt auch noch erwähnt. So erreichen wir zwar etwas mühsam, aber ohne Probleme die breite Gipfelhochfläche der **Kampelespitze**, 2088 m, mit einem kleinen Gipfelkreuz im Steinmann. Die Rundsicht reicht für die bescheidene Höhe außerordentlich weit, umfasst die gesamte Umrahmung des Wipptals und bietet zudem in südlicher Richtung einen schönen Blick auf die Dolomiten.

Nach Mauls Zunächst wieder zur **Planeralm** zurück. Unterhalb der Alm führt der zunächst kaum sichtbare Pfad hinab (nicht links auf der Almstraße, sondern mehr rechts haltend). Das Gelände bleibt anhaltend steil. Südlich der Höfe von Plan kreuzen wir zweimal die Höfestraße und wandern auf ihr weiter, bis der Pfad auf ca. 1100 m nach rechts abzweigt. Erneut geht's sehr steil hinab bis auf den Boden des Eisacktals (Hinweis beachten!). Von hier folgen wir in nördlicher Richtung dem breiten Fahrweg, der auch kleinere Gegensteigungen bereit hält, nach Mauls.

Auf der Kampelespitze mit den Pfunderer Bergen und den Dolomiten

8

Schrotthorn, 2590 m – Liffelspitze, 2590 m

Gipfelüberschreitung im Sarntaler Ostkamm

mittel 1370 hm 6:45 Std.

Tourencharakter:
Sehr schöne und abwechslungsreiche, aber lange Drei-Gipfel-Tour. Gute Kondition und Trittsicherheit erforderlich. Für den Anstieg zur Liffelspitze (»dunkelrot«!) sind zusätzlich Bergerfahrung und Orientierungssinn nötig. Zudem verlangt eine ausgesetzte Schrofenstufe absolute Trittsicherheit, ein Ausrutscher ist hier absolut verboten! Nicht zu früh im Jahr angehen.

Beste Jahreszeit:
Ende Juni bis Oktober

Ausgangs-/Endpunkt:
Parkplatz Steinwend im Schalderer Tal, 1451 m, z. T. schmale Straße ab Brixen über Bad Schalders. Keine Busverbindung

Zwischenziel:
Schrotthorn

Gehzeit:
Steinwend – Schalderer Scharte 2 Std. – Schrotthorn 0:45 Std. – Pfannscharte 0:45 Std. – Liffelspitze 0:45 Std. – Pfannscharte 0:30 Std. – Steinwend 2 Std.

Karte:
Kompass Nr. 059 Klausen, Tabacco Nr. 030 Brixen–Villnöss, beide 1:25 000

Markierung:
Rot-weiß, Nr. 4, 4B, 19 und 4A; Überschreitung der Leierspitze ohne Nummer, Anstieg zur Liffelspitze nur Pfadspuren und mit Steinmännern markiert

Einkehr:
Keine Möglichkeit

Tourismus-Info:
Tourismusverein Brixen, Regensburger Allee 9, I-39042 Brixen, Tel. +39/0472/836401, www.brixen.org

Die Sarntaler Alpen zählen zu den stilleren Berggruppen in Südtirol und dies, obwohl sie fast genau mittendrin liegen und von überall bestens erreichbar sind. Da sie aber im Schatten von so bekannten Bergen wie der Texelgruppe oder den Dolomiten stehen, werden sie weniger besucht als andere Gebirgsgruppen.

Es gibt zwar auch einige bekannte Ziele, die fast schon wieder überlaufen sind, wie z. B. Rittner Horn, Penser Weißhorn, Hirzer, Kassianspitze oder Königsangerspitze. Auf den meisten Bergen trifft man aber nur wenige andere Bergwanderer. Die Tour erlaubt verschiedene Varianten und Kombinationen. Während der Anstieg von Süden zum Schrotthorn völlig harmlos ist (blau), ist bei Regen und Schnee von der Überschreitung und vor allem von einer Besteigung der Liffelspitze abzuraten. Der kleine Zwischengipfel

der Leierspitze tritt übrigens nur von bestimmten Standorten tatsächlich als Gipfel in Erscheinung, von vielen Punkten aus aber ist er nicht mehr als eine Schulter des Schrotthorns. Die Liffelspitze zählt zu den einsamsten Bergen der Region, und hier werden wir fast nur Einheimischen begegnen.

Zum Schrotthorn Vom Parkplatz **Steinwend**, 1451 m, führt uns der Wanderweg durch schönen, lichten Wald bis zu einer Brücke über den Schalderer Bach. Diese überqueren wir, und es nimmt uns ein unangenehm steiler

Rückblick von der Leierspitze zum Schrotthorn

Gipfelkreuz am Schrotthorn

Fahrweg auf (eigene Kehren gehen!). Bald darauf zweigt rechts der Wasserfallweg ab, und wir sehen zum Schrotthorn hinauf.
Wir bleiben auf dem Fahrweg bis dort, wo er nach links über den Schalderer Bach quert. Hier bleiben wir rechts; kleine Steinmännchen bestätigen uns den Weg, und nach fünf Minuten mündet von rechts der Wasserfallweg ein. Bald schon wandern wir über Alpweiden und erreichen durch eine Mulde die **Schalderer Scharte**, 2324 m, mit Bildstock und zwei großen Steinmännern unterhalb als Wächter. Der weitere Anstieg zum Gipfel ist ein einfacher Wanderweg, der bequem in Kehren hinaufführt. Bald schon stehen wir am **Schrotthorn**, 2590 m, mit seinem riesigen Kreuz. Quasi in der Landesmitte von Südtirol gelegen, umfasst die ausgedehnte Rundsicht von hier die Sarntaler Alpen, über dem Villanderer Berg die Brenta, die Stubaier und Ötztaler Alpen, den Zillertaler Hauptkamm, Rieserferner und natürlich die Zacken der Dolomiten jenseits des Eisacktals. Im Süden reicht die Sicht bis zur Paganella und zum Bondone über dem Etschtal.

Überschreitung zur Liffelspitze Zunächst steigen wir am Nordwestkamm über Schutt und Blöcke ab. Dabei ist Trittsicherheit wichtig, eine kurze, aber einfache Kletterstelle verlangt beim Abstieg den Einsatz der Hände. Mit einer kurzen Gegensteigung erreichen wir den kleinen Gipfel der **Leierspitze**, 2542 m, den nur zwei kleine Steinmänner zieren.
Von hier führt der Pfad steil auf der Nordseite hinab. Schon bald erreichen wir die **Pfannscharte**, 2381 m. Den Aufstieg zur Liffelspitze sollten nun nur noch Alpinwanderer angehen, die über Erfahrung im weglosen Schrofengelände, über den Blick für den richtigen »Weg« und natürlich über die nötige Kondition verfügen.

Mit Steinmännern gut markiert, wird der erste Aufschwung links ausholend umgangen. Weiter oben queren wir über Wiesenhänge wieder nach rechts auf den Südgrat unseres Gipfels und gelangen so in eine kleine Mulde, in der bis Juli ein Schneefeld liegt.
Darüber folgt der nächste steile Hang. Er ist ein wenig unübersichtlich und steil. Wir ersteigen ihn in Kehren und queren dann leicht ausgesetzt nach rechts hinaus auf ein grasiges Band. An dessen Ende, wo es nicht mehr weiter geht, scharf nach links wenden und über eine Schrofenstufe wieder auf den Südgrat hinaufklettern. Dies ist die einzige anspruchsvolle Passage, eine Umgehung ist nicht zu empfehlen. Wir sind nun auf dem Gipfeldach und steigen problemlos am breiten Rücken oder knapp links darunter weiter. Zuletzt über ein kurzes, schmäleres und leicht ausgesetztes Gipfelgrätchen erreichen wir das Gipfelkreuz auf der **Liffelspitze**, 2590 m. Die Rundsicht ähnelt natürlich der vom Schrotthorn, das von hier selbst ein schönes Bild abgibt. Besonders schön ist der neue Tiefblick auf die Hochmulde Suhre nördlich unter dem Gipfel mit vielen kleinen Seen. Darüber erhebt sich die Jakobspitze, der höchste Berg im Sarntaler Ostkamm.

Ins Schalderer Tal Wieder zurück in die Pfannscharte. Von hier nach Osten und zuerst auf der rechten Talseite unter den steilen Felswänden der Leierspitze hindurch. Hier liegt noch lange Schnee, und wir müssen aufpassen, dass wir die Markierung und den Pfad nicht verlieren. Durch Alpenrosenfelder geht's weiter hinab in eine Latschengasse. Wir überqueren den Kammerbach auf die andere Hangseite und gelangen rasch hinüber zu einem steilen Bachtobel, der zwar mit einer Kette gesichert, aber sehr rutschig ist – Vorsicht!
Kurz darauf folgt noch ein zweiter, etwas weniger ausgesetzter Tobel. Anschließend geht's durch Alpenrosenfelder und Wald z. T. mühsam im Auf und Ab bis zu einem Wegweiser, 2009 m. Hier halten wir uns rechts, passieren bald die **Schäferhütte**, 1959 m, und wandern ein Stück weit auf dem Fahrweg, bis der Wanderweg wieder rechts abzweigt. Dieser trifft aber ein Stück weiter unten wieder auf einen Fahrweg, dem wir nun folgen. Wir verlassen ihn dann wieder, queren den Kaserbach auf einer Brücke und steigen wieder zur asphaltierten Straße hinab, die Richtung Schalders führt. Vor den nächsten Höfen verlässt der Weg die Straße nach rechts, macht einen Bogen und führt uns am Hang entlang zum Hof von **Steinwend**, 1542 m, mit Kapelle. Von hier geht's auf einem Fahrweg hinab zum Ausgangspunkt.

Jakobspitze von der Liffelspitze

9 Innerraschötz, 2317 m

Auf steilen Waldpfaden über Villnöss

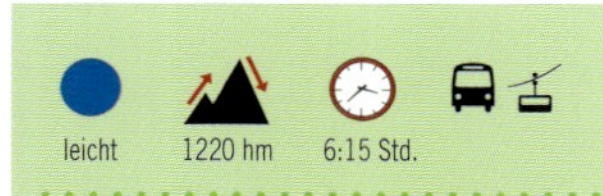

Tourencharakter:
Lange, anstrengende und meist einsame Bergwanderung. Trittsicherheit und Orientierungssinn nötig und bei dem Höhenunterschied natürlich auch eine gute Kondition.

Beste Jahreszeit:
Mitte Juni bis Oktober

Ausgangs-/Endpunkt:
Villnöss-Pitzack, 1099 m, unterhalb von St. Peter, Anfahrt ab Brixen, Parkplatz, Bushaltestelle. Bus (Nr. 340) ab und bis Brixen

Gehzeit:
Villnöss – Schafhütte 2:30 Std. – Peterer Scharte 1 Std. – Innerraschötz 0:15 Std. – Flitzer Scharte 0:30 Std. – Oberflitz 1 Std. – Villnöss 1 Std.

Karte:
Kompass Nr. 627 Villnösstal (beste Karte!), Tabacco Nr. 030 Brixen–Villnöss, beide 1:25 000

Markierung:
Rot-weiß, Nr. 10 und 31; Überschreitung der Innerraschötz weg- und markierungslos

Einkehr:
Keine Möglichkeit

Tourismus-Info:
Tourismusverein Villnösser Tal, St. Peter 11, I-39040 Villnöss, Tel. +39/0472/84 01 80, www.villnoess.com

Wer steigt schon aus dem Villnösstal auf die Innerraschötz, wenn man von Gröden mit der Bahn ganz bequem bis fast auf den Gipfel fahren kann? Eben – kaum jemand, und auch die Bahnwanderer auf ihrem Weg zur Brogleshütte lassen den Gipfel meist links liegen. Alle, die einen ruhigen Bergtag erleben möchten, sind hier aber genau richtig.

Nicht einmal alle Einheimischen scheinen die Tour wirklich zu kennen: Ein Einheimischer machte dem Autor gegenüber die Bemerkung, dass der Anstieg zur Peterer Scharte ja »schwierig« sei. Davon kann nun sicher keine Rede sein, ein Spaziergang ist die Tour aber auch nicht.

Zur Schafhütte In **Villnöss-Pitzack**, 1099 m, folgen wir dem Wegweiser, der nur kurz der Höfestraße folgt, um gleich links abzuzweigen. In Kehren geht's steil hinauf, am Koflerhof vorbei und noch kurz dem Fahrweg bis zum Waldrand folgend. Hier zweigen wir links ab, folgen aber nicht dem scheinbar besseren Pfad geradeaus in den Wald hinein, sondern halten uns eher rechts und gehen dann mehr oder weniger parallel zum Waldrand weiter. Der Pfad und die Markierungen sind nicht immer gut sichtbar und ver-

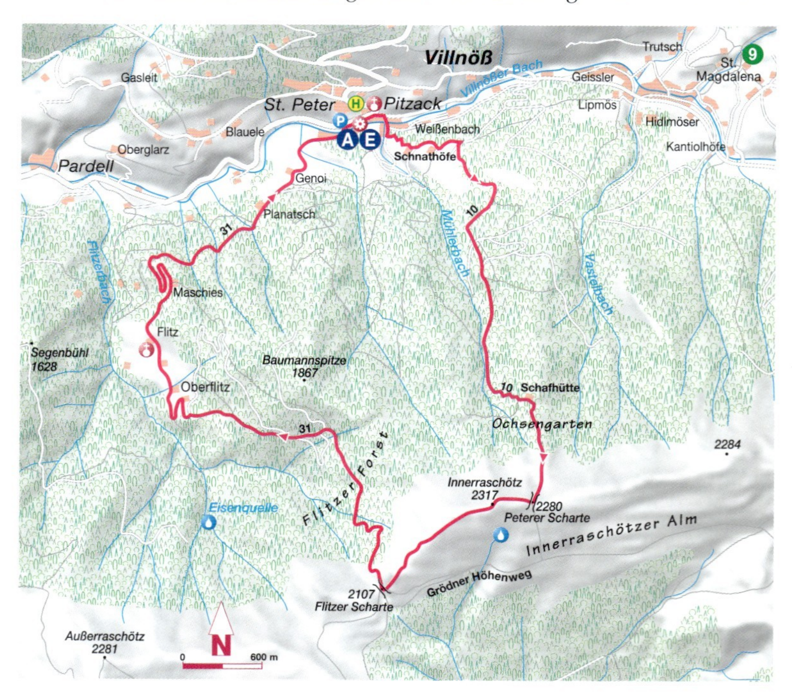

langen unsere volle Aufmerksamkeit. Teilweise sind nur alte Markierungen in Form von roten Strichen sichtbar.
Wir wandern über teils sumpfigen Waldboden und über kleine Lichtungen und kreuzen zweimal eine Forststraße. Der Pfad ist mitunter schlecht erkennbar, z. T. steil, manchmal auch abgerutscht oder durch umgestürzte Bäume erschwert. Bei Nässe ist die Tour nicht empfehlenswert, weil der Weg quasi als Abfluss für den Bach dient – der Autor hat es zwei Tage nach Regenfällen erlebt, dass da noch immer Wasser herunterkommt! Sicher kein Abenteuerweg, aber eben auch kein »Sonntagsspaziergang«. Weiter oben wird erneut eine Straße erreicht, die so in keiner der aktuellen Karten verzeichnet ist. Oberhalb der Straße wird das Gelände noch steiler, und wir sind froh, wenn sich das Gelände bei der **Schafhütte**, 1956 m, der Ochsengartenalm, zurücklegt und wir wieder freie Sicht haben!

Alpenrosenblüte überm Eisacktal

Zur Innerraschötz Es wird aber gleich wieder steiler, wenn wir von der Schafhütte über einen bewaldeten Rücken weiter ansteigen. Ab ca. 2100 m Höhe verlassen wir den Wald und wandern durch Alpenrosenfelder in die Mulde unter der Peterer Scharte. Über einen Blockhang aus Porphyr erreichen wir schließlich in Kehren die **Peterer Scharte**, 2280 m. Über den Kamm bummeln wir schließlich sehr gemütlich hinauf zum Gipfelkreuz der **Innerraschötz**, 2317 m, dem höchsten Punkt im langen Kamm, der das Villnösstal vom Grödnertal trennt. Die Rundsicht von der freien Höhe reicht sehr weit, bis zum Ortler und zur Brenta, zum Hochfeiler und zum Zuckerhütl. Beeindruckend sind vor allem aber die nahen Dolomiten mit Geislerspitzen, Langkofel, Sella, Schlern …

Im Anstieg zur Schafhütte mit den Pfunderer Bergen

Nach Villnöss-Pitzack Weglos bummeln wir in südwestlicher Richtung über den Kamm und erreichen so die **Flitzer Scharte**, 2107 m. Nun umgehen wir mit einem kurzen Gegenanstieg die bröselige Schlucht unterhalb der Scharte. Der Pfad ist hier manchmal ein wenig ausgesetzt und verlangt absolute Trittsicherheit. An einer Stelle finden wir sogar ein kurzes Drahtseil. In vielen Kehren steigen wir dann den steilen Hang hinab, bis wir auf einen Fahrweg treffen. Diesen können wir wenigstens zweimal abkürzen und gelangen so hinab zu den Höfen von **Oberflitz**, 1392 m. Ab hier gibt es leider keine Alternative: Wir müssen auf der asphaltierten Straße bleiben bis zum Ausgangspunkt in Villnöss-Pitzack. Nur ein ganz kleines Stück können wir die Straße abkürzen.

Überschreitung nach Gröden Wer's einfacher haben möchte, der überschreitet die Innerraschötz nach Gröden. Dazu wandert man ab der Flitzer Scharte auf Weg Nr. 31 oder 35 zur Bergstation der Raschötzbahn, 2039 m. Von hier lässt es sich mit der Bahn ganz bequem »absteigen« (Infos unter www.resciesa.com). Natürlich kann man von hier auch per pedes nach

Gröden hinab, die Tour ist dann allerdings fast genauso lang wie die oben beschriebene Rundtour! Von Gröden geht's in jedem Fall mit dem Bus Nr. 350 zurück nach Brixen oder Bozen (Innerraschötz – Bergstation 1 Std. – Gröden 1:30 Std.; 280 Hm bis zur Bergstation, 1050 Hm bis Gröden, jeweils blau). Alternativ ist natürlich auch ein Anstieg von der Bergstation zur Innerraschötz mit anschließender Überschreitung nach Villnöss auf einem der beiden beschriebenen Pfade möglich.

Die bekannte Schwester Etwa 3 km westlich erhebt sich die Außerraschötz, die wesentlich häufiger bestiegen wird als die Innerraschötz. Sie ist auf einem markierten Weg leicht erreichbar. Allein sein wird man hier allerdings nur außerhalb der Betriebszeiten der Standseilbahn (also bis Mitte Mai und wieder ab Mitte Oktober). Zudem lässt sich die Außerraschötz sehr gut nach Lajen überschreiten (Bergstation – Außerraschötz 0:45 Std. – Lajen 2:30 Std.; 240 Hm zum Gipfel, 1180 Hm nach Lajen, blau). Zurück mit dem Bus Nr. 350 über St. Peter nach Gröden.

Unterwegs auf der Innerraschötz

10 Zwischenkofel, 2384 m

leicht

990 hm

5:15 Std.

Tourencharakter:
Einfache und wenig anstrengende Tour auf einen wenig besuchten Aussichtsberg in der nördlichen Puezgruppe. Nur für den Gipfelanstieg braucht es Trittsicherheit.

Beste Jahreszeit:
Juni bis Oktober

Ausgangs-/Endpunkt:
Campill, 1396 m, im gleichnamigen Tal, Anfahrt ab St. Martin in Thurn, weitere Parkplätze auf schmaler Straße noch ein Stück taleinwärts rund um den Reiterhof Kalkofen, ca. 1493 m, oder noch weiter bis P. 1588 m. Zeitersparnis je nach Ausgangspunkt ca. 1–1:30 Std. insgesamt. Bus (Nr. 462) ab und bis St. Martin in Thurn

Zwischenziel:
Zwischenkofelalm

Gehzeit:
Campill – Zwischenkofelalm 2 Std. – Zwischenkofel 1 Std. – Zwischenkofelalm 0:45 Std. – Campill 1:30 Std.

Karte:
Kompass Nr. 051 Gadertal–Val Badia, Tabacco Nr. 07 Alta Badia–Arabba–Marmolada, beide 1:25 000

Markierung:
Rot-weiß, Nr. 9 und 6; Gipfelanstieg ohne Nummer (keine 12 wie in den Karten angegeben!)

Einkehr:
Keine Möglichkeit

Tourismus-Info:
Tourismusverein St. Martin in Thurn, Tor 18/C, I-39030 St. Martin in Thurn, Tel. +39/0474/52 31 75, www.sanmartin.it

Eckpfeiler der Puezgruppe

Der Zwischenkofel, nördlichster Pfeiler der mächtigen Puezgruppe, ist zwar sicher nicht der einsamste der hier vorgestellten Gipfel. Viele Bergwanderer sind hier jedoch selten unterwegs, sofern man nicht gerade an einem Wochenende in der Hochsaison kommt. Und wenn doch: Das breite Gipfelplateau bietet genügend Platz für alle.

Schaut man von Campill zum Zwischenkofel, kommt man kaum auf die Idee, dass man dort einfach hinaufsteigen könnte. Dabei bietet der Anstieg überhaupt keine Schwierigkeiten und ist auch kein konditioneller Hammer. Die Höhenangabe von 2397 m in den Karten bezieht sich übrigens auf eine wenig höhere Graterhebung am südwestlichen Rand des breiten Gipfelplateaus.

Zum Zwischenkofel Wer bereits in **Campill**, 1396 m, startet, folgt der Weg-Nr. 9 der Straße entlang. Beim Reiterhof und vor allem dort, wo die Straße eine markante Rechtskurve macht, finden sich weitere Parkmöglichkeiten. Wir müssen noch eine Zeitlang mit der Straße vorlieb nehmen, bis unser Weg mit der Nr. 9 rechts abzweigt. Noch ein kurzes Stück auf einem breite-

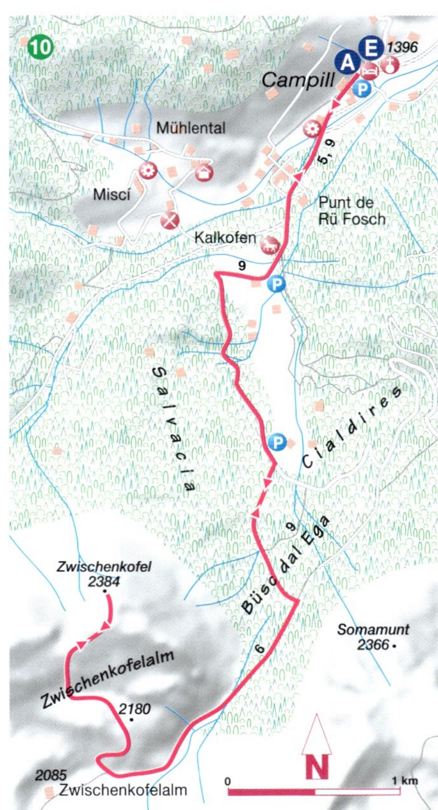

ren Ziehweg, dann führt uns endlich ein Pfad durch einen wunderschönen lichten Lärchenmischwald, überragt von den steilen Türmen zwischen Somamunt und Ciampani.

Auf ca. 1730 m treffen wir wieder auf einen Fahrweg, dem wir bis zum Parkplatz der Zwischenkofelalm folgen. Wir befinden uns hier bereits im Naturpark Puez-Geisler. Nach dem Parkplatz wird aus dem Fahrweg wieder ein schöner Wanderweg, der unter den Wänden der Puezgruppe entlang ins Hochtal der **Zwischenkofelalm**, 2085 m, führt. Noch ein gutes Stück bevor wir die Almhütten erreichen, zweigt der Gipfelanstieg rechts ab (Hinweis knapp oberhalb auf einem Stein). Der Pfad quert nach einer Kehre nach rechts in die steile Grasflanke hinaus. Wir umgehen P. 2247 m und erreichen eine Hochmulde, bevor der Pfad wieder steiler zur Grathöhe hinaufführt, die wir knapp unterhalb des Gipfels erreichen. Über den Kamm steigen wir zur Hochfläche und bummeln hinüber zum großen Gipfelkreuz auf dem **Zwischenkofel**, 2384 m, der ladinisch Crëp dales Dodesc heißt. Die informative Rundsicht wird im Süden zwar von den Wänden der Puezhochfläche versperrt, aber auch so gibt es noch genug zu sehen: die Berge der Heiligkreuzkofelgruppe und der Geislergruppe, dazu der Peitlerkofel, und jenseits des Pustertals erheben sich im Norden die Gipfel der Zentralalpen mit Rieserfernergruppe, Zillertaler Alpen und Pfunderer Bergen. Dazu kommen gewaltige Tiefblicke ins Campilltal.

Gipfelwiese auf dem Zwischenkofel

Nach Campill Der Abstieg erfolgt auf derselben Route.

Zwischenkofel (r.) und Somamunt

11 Flatschkofel, 2416 m

Unbekannter Gipfel in den Olanger Dolomiten

leicht  1120 hm  5:45 Std.

Tourencharakter:
Einfache Tour auf zumeist gut sichtbaren Steigen und Pfaden. Beim Anstieg im Langtal sowie beim Abstieg von der Flatschkofelscharte ist erhöhte Trittsicherheit erforderlich.

Beste Jahreszeit:
Mitte Juni bis Oktober

Ausgangs-/Endpunkt:
Bad Bergfall, 1320 m, Hotel im Tal zwischen Olang und dem Furkelsattel, z. T. schmale Straße ab Olang, Parkplatz. Keine Busverbindung

Zwischenziel:
Lapedures Joch – von hier ist es aber nicht mehr weit bis zum Gipfel

Gehzeit:
Bad Bergfall – Lapedures Joch 2:30 Std. – Flatschkofel 0:45 Std. – Flatschkofelscharte 0:30 Std. – Lanzwiesenalm 1 Std. – Bad Bergfall 1 Sd.

Karte:
Kompass Nr. 045 Bruneck–Kronplatz, Tabacco Nr. 031 Pragser Dolomiten–Enneberg, beide 1:25 000

Markierung:
Rot-weiß, Nr. 32, 6 und 6B; Gipfelanstieg zum Flatschkofel nicht markiert

Einkehr:
Lanzenwiesenalm, 1823 m, Tel. +39/329/326 38 55

Tourismus-Info:
Tourismusverein Olang, Florianiplatz 19, I-39030 Olang, Tel. +39/0474/49 62 77, www.olang.info

»Flatsch« – das klingt fast schon wie ein Ausdruck aus einem Comic. Vielleicht wird der Berg deshalb so wenig beachtet. Wahrscheinlich liegt es aber eher ganz einfach daran, dass er kleiner als seine Nachbarn ist und dass der viel begangene Steig über die Hochalm den Gipfel rechts oder links liegen lässt.

Eingeklemmt zwischen höheren und populäreren Gipfeln – das ist der Flatschkofel. Er wird auch weit weniger besucht als diese und meist nur von Einheimischen. Im Gegensatz dazu war der Maurerkopf früher gut markiert; heute findet man nur noch alte, verblasste Markierungen. Der Anstieg von der Flatschkofelscharte zum Maurerkopf verlangt neben Orientierungssinn auch Trittsicherheit am Hang oberhalb der Flatschkofelscharte sowie im steilen Gras am Gipfelkopf. Unterwegs finden sich immer wieder mal alte rote Markierungen, während der Gipfelkopf selbst nicht markiert ist.

Zum Lapedures Joch Von **Bad Bergfall**, 1320 m, folgen wir der Nr. 32 auf dem breiten Fahrweg ins Langtal hinein. Hinter einer markanten Biegung zweigen wir links ab und wandern auf einem Ziehweg weiter, der aber schon bald zum richtigen Wanderweg wird. Er führt über den Bach – auf der anderen Seite gut auf die Markierung achten. Steil geht's durch den Wald

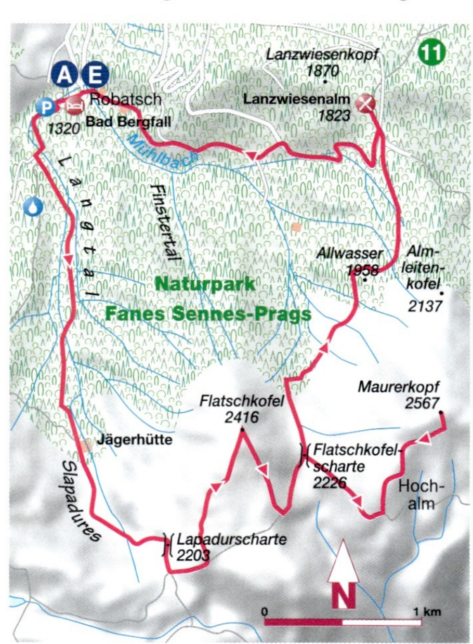

Blumenpracht auf dem Flatschkofel

hinauf und wir queren den Bach erneut. Anschließend steigen wir steil in Kehren, z. T. oberhalb von Abbrüchen, empor. Nicht mehr ganz so steil führt unser Weg dann durch einen schönen Lärchenwald bis zu einer Wegverzweigung auf einer schönen Lichtung (auf der Karte »Jägerhütte« genannt). Wir halten uns links, lassen den Wald unter uns und steigen in Kehren durch das Kar Slapadures auf die nächste Stufe. Zuletzt wandern wir über flache Weiden hinüber ins **Lapedures Joch**, 2203 m, in manchen Karten auch als »Lapadurscharte« bezeichnet.

Zum Flatschkofel Wir bleiben zunächst am markierten Weg Richtung Flatschkofelscharte bis zu der Stelle, wo er sich im leicht schuttigen Ge-

Pragser und Sextener Dolomiten von der Hochalm

lände nach rechts wendet. Im Vorfeld ist dort ein Geländer zu sehen. Nach links zweigt eine kleine Schuttspur ab, bei der es sich aber um einen Wildpfad oder Wildwechsel handelt und kaum um einen »vergessenen Wanderpfad«. Diesem folgen wir und steigen dann, nachdem er sich in den Weiden verliert, beliebig zum **Flatschkofel**, 2416 m, mit Kreuz auf. Das breite Gipfeldach ist geradezu perfekt für ein alpines Sonnenbad. Zuvor sollten wir aber die wunderschöne Rundsicht genießen: Im Süden zeigt sich fast die gesamte Dolomitenprominenz zwischen Sextener Dolomiten und Peitlerkofel. Nördlich des Pustertals erhebt sich direkt gegenüber die eindrucksvolle Rieserfernergruppe, links davon zeigen sich Zillertaler Hauptkamm und Pfunderer Berge. Ein Panoramablick ohne Zeugen – meist zumindest. Der Schlussanstieg zum Flatschkofel lässt sich übrigens beliebig variieren.

Nach Bad Bergfall Vom Gipfel geht's über den breiten Südrücken hinab, bis wir bei einem Wegweiser wieder auf den Weg zur Hochalm treffen. Hier links halten und im kurzen Abstieg in die **Flatschkofelscharte**, 2226 m.
Nun in nördlicher Richtung zunächst durch einen Zaun und auf der anderen Seite auf die Schutthalden hinab. Kurz darauf zweigt nach rechts ein alter Pfad ab. Dieser sollte nicht begangen werden, da er in den Tobelgräben z. T. abgerutscht und deshalb für Ungeübte gefährlich ist – er wurde nicht umsonst aufgelassen!
Wir bleiben also links auf dem neu markierten Pfad, der östlich unter dem Flatschkofel entlangführt. In diesem Bereich gibt es große Alpenrosenfelder. Auch auf unserem Pfad müssen wir einige Schutthalden mit Gräben queren, die aber nur im Frühsommer (Schneefelder!) oder nach starken Regenfällen problematisch werden können. Unter P. 1958 m vorbei gelangen wir zu einem Fahrweg, der hinab zur **Lanzwiesenalm**, 1823 m, führt. Uns links haltend, wandern wir noch eine Zeitlang auf dem Fahrweg weiter, bis der steile Pfad mit der Nr. 6B links abzweigt, der uns nach Bad Bergfall bringt.

Abstecher zum Maurerkopf Bereits von der Flatschkofelscharte sind am Gegenhang zum Maurerkopf Wegspuren gut erkennbar. Bei guter Sicht können wir nach Belieben über den Hang ansteigen oder aber auch ein

Rieserfernergruppe (r.) und Zillertaler Alpen (l.) vom Flatschkofel

wenig bequemer zunächst dem markierten und ausgeprägten Weg Richtung Pragser Furkel folgen, der über die Hochalm zur Pragser Furkel führt. Allerdings nicht zu lange, denn spätestens auf der breiten Schulter am Südwestkamm des Maurerkopfs verlassen wir diesen häufiger begangenen Pfad in nordöstlicher Richtung. Früher oder später finden wir auf dem Rücken Pfadspuren und seltene, meist verblasste Markierungen. Außerdem befinden wir uns nun quasi im »Wohnzimmer der Murmeltiere«, die hier viele Bauten haben. Wir folgen den Pfadspuren unter dem westlichen Maurerkopf hindurch, bis wir, uns links haltend, über steile Grasstufen zum Gipfelkreuz auf dem (Westlichen) Maurerkopf, 2567 m, ansteigen können. Der östliche Gipfel nebenan ist fast genau gleich hoch. Die Rundsicht von hier oben reicht aufgrund der Tatsache, dass wir auf dem höchsten Gipfel der Olanger Dolomiten stehen, sehr weit. Im Vergleich zum Flatschkofel schweift der Blick natürlich vor allem gen Osten deutlich weiter. Es bietet sich außerdem eine schöne Sicht über das Hochpustertal (ab Flatschkofelscharte 340 Hm, 1:30 Std. insgesamt, rot).

12 Speikboden, 2517 m

Auf alten Pfaden zurück ins Tal

Tourencharakter:
Der Abstieg nach Sand in Taufers verläuft auf anhaltend steilen Pfaden, die Trittsicherheit und Orientierungssinn erfordern – bei nasser Witterung nicht zu empfehlen. Die Überschreitung des Speikbodens ist eine einfache, aussichtsreiche Tour, die nur an ein paar Stellen etwas Trittsicherheit verlangt.

Beste Jahreszeit:
Ende Juni bis Oktober

Ausgangspunkt:
Michlreiser Alm, 1960 m, Bergstation der Speikboden-Bahn, Parkplatz bei der Talstation, ca. 930 m, Straße ab Sand in Taufers, Bushaltestelle. Bus (Nr. 450) ab und bis Sand in Taufers

Endpunkt:
Talstation der Speikboden-Bahn, ca. 930 m

Zwischenziel:
Kleiner Nock, Speikboden

Gehzeit:
Michlreiser Alm – Speikboden 2 Std. – Sattel 0:15 Std. – Kreuz 0:30 Std. – Oberpurstein 1:30 Std. – Sand in Taufers 1:15 Std.

Karte:
Kompass Nr. 082 Ahrntaler Berge, Tabacco Nr. 036 Sand in Taufers, beide 1:25 000

Markierung:
Rot-weiß, Nr. 18A, 18, 27, 27A und 4

Einkehr:
Verschiedene Bergrestaurants, Infos unter www.speikboden.it

Tourismus-Info:
Tourismusverein Sand in Taufers, Josef-Jungmann-Str. 8, I-39032 Sand in Taufers, Tel. +39/0474/67 80 76, www.taufers.com

Der Autor kann die Aufschreie förmlich hören: »Was, ein vergessener Pfad am Speikboden? Unmöglich, das kann nicht sein!« Aber sicher doch, denn gerade weil es dort eine Bergbahn gibt, werden die alten, klassischen und langen Anstiege kaum mehr begangen. Und geraten so in Vergessenheit.

Der Abstieg über die Höfe von Purstein ist genau das, was der Titel dieses Buchs verspricht: ein vergessener Pfad par excellence, ein verstecktes Juwel! Vor dem Bau der Bahn gehörte dieser Pfad zu den klassischen Anstiegen ab Sand in Taufers. Aber wie auch auf anderen Bergen: Wenn es erst einmal eine Bahn gibt, begeht kaum noch jemand die alten und z. T. langen Wege – und schon gar nicht im Aufstieg. Dass man am Speikboden während der Betriebszeiten der Bergbahnen kaum einmal allein sein wird, ist auch klar. Aber darum geht es hier nicht, und wenn man schon mal hier oben ist, dann sollte man sich diesen sensationellen Aussichtsberg auf keinen Fall entgehen lassen – die Rundsicht zählt sicher zu den schönsten in Südtirol. Dazu unbedingt früh starten, bevor die Massen kommen. Und es muss ja auch nicht unbedingt an einem Wochenende sein …
Wer ganz sicher ohne diesen Trubel unterwegs sein will, der steigt dann zum Speikboden auf, wenn die Bahn noch nicht (etwa bis Mitte Juni) oder nicht mehr (etwa ab Mitte Oktober) in Betrieb ist. Das sind ab Sand in Taufers

Am Speikboden

dann 1640 Hm bei einer Gehzeit von 4:30 Std. im Aufstieg. Danach weiß man wieder, wie groß so ein Berg wirklich ist … Und wer auf den Speikboden ganz verzichten will, fährt mit dem Sonnklarlift und steigt von der Bergstation in wenigen Minuten zum Sattel, 2387 m, ab. Von dort wie beschrieben nach Sand in Taufers (1510 Hm im Abstieg, 3:15 Std. + Gegenanstieg zur Talstation 50 Hm, 0:45 Std.).

Zum Speikboden Von der **Michlreiser Alm**, 1960 m, folgen wir nur kurz dem breiten Fahrweg, bis der Wanderweg Nr. 18A rechts abzweigt. Der schön hergerichtete Weg führt durch lichten Wald und über schöne Gneisplatten zur Grathöhe. Von hier lohnt sich ein kurzer Abstecher nach rechts zum **Kleinen Nock**, 2227 m, der einen schönen Tiefblick ins Ahrntal bietet. Der Steig zum Speikboden verläuft auf oder knapp unterhalb der Grathöhe,

Almkreuz mit Windschar (l.) und Dolomiten (r.)

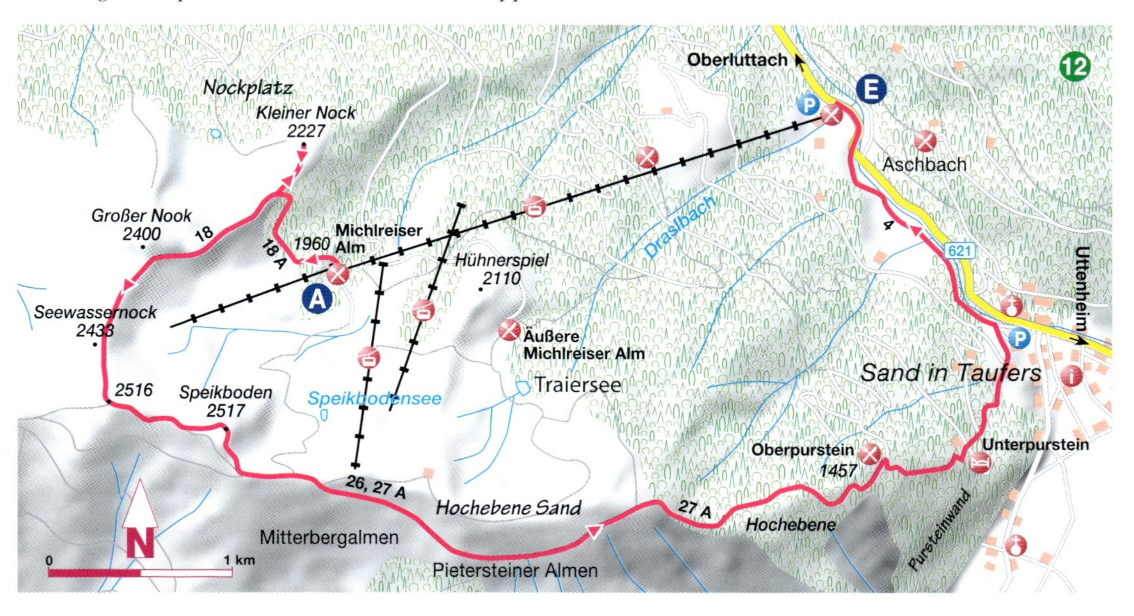

Rückblick zum Speikboden

lässt den Großen Nock rechts oben liegen, überschreitet den kaum ausgeprägten Seewassernock, 2433 m, und führt auf den Westgipfel, 2516 m, unseres Berges. Über den breiten Kamm geht's hinüber zum **Speikboden**, 2517 m, mit Gipfelkreuz und sensationeller Rundsicht. Die Gipfel des Zillertaler Hauptkamms zwischen Hochfeiler und Rauchkofel spielen dabei die Hauptrolle. Im Süden erheben sich hinter den Pfunderer Bergen die Zacken der Dolomiten.

Nach Sand in Taufers Vom Gipfel zunächst gemütlich über den breiten Kamm und ein wenig steiler in Kehren hinab in den **Sattel**, 2387 m, unterhalb der Bergstation des Sonnklarlifts. Hier rechts hinab, nur kurz steil, dann in flacher Querung unterhalb des Sonnklarnocks hinüber zu einer aussichtsreichen Schulter mit einem großen **Almkreuz**, ca. 2190 m, und schönem Tiefblick ins Tauferer Tal.

Weiterhin leicht absteigend queren wir durch schöne Wälder, bis sich unser Pfad mit dem Weg Nr. 25A vereinigt. Noch ein kurzes Stück geht's eben weiter, bis der Abstieg via Purstein Nr. 27A nach rechts abzweigt. Spätestens ab jetzt werden wir kaum noch andere Bergwanderer treffen. Das Gelände wird rasch deutlich steiler, in Kehren schraubt sich unser Pfad in die Tiefe. Er verlangt Trittsicherheit und an einigen leicht ausgesetzten Stellen auch

Daimerweg

Eine leichtere Alternative ist der Daimerweg, der von der Michlreiser Alm, 1960 m, mit Nr. 27 markiert nach Sand in Taufers führt. Er ist weniger steil als der Weg über die Pursteiner Höfe, verlangt aber ebenfalls eine solide Kondition. Er wird etwas häufiger begangen, da er direkt bei der Bergstation beginnt und man auch bequemer wieder zur Talstation gelangen kann – wahrscheinlich aber auch weil der Prospekt der Bergbahnen ihn als »mittel« einstuft, den Pfad über Purstein jedoch als »schwierig« (1000 Hm, 2:30 Std. + Gegenanstieg zur Talstation 50 Hm, 0:30 Std., blau).

Schwindelfreiheit. Auf einer Art Schulter bietet sich uns ein schöner Blick auf die Rieserferner- und die Durreckgruppe sowie hinab ins Tauferer Becken.

Nach dieser kurzen Verschnaufpause geht's sogleich wieder steil weiter, und wir erreichen die **Hochebene**, 1676 m, eine Almhütte mit Materialseilbahn. An der Hütte vorbei quert der Pfad dann in der steilen Waldflanke oberhalb der Pursteinwand hinab zum Hof von **Oberpurstein**, 1457 m.

Zwischen den Häusern hindurch und ganz kurz auf einem breiten Ziehweg weiter, den wir aber gleich wieder nach links verlassen. Der folgende Rasenhang ist nochmals supersteil und der Pfad in diesem Bereich nicht besonders ausgeprägt. Weiter unterhalb im Wald finden wir sogar ein altes Drahtseil (!), was vermutlich früher den Almbauern zur Unterstützung bei der Beförderung von Waren auf die Almen diente.

Beim Hof von **Unterpurstein**, 1130 m, kreuzen wir die Höfestraße. Wir folgen der Straße ein kurzes Stück und verlassen sie weiter unten wieder nach rechts. Der Wald ist nun längst nicht mehr so steil, und wir erreichen schon bald, vorbei am längst verfallenen Hotel Panorama (rechte Seite), **Sand in Taufers**, 878 m. Falls das Auto an der Talstation der Speikboden-Bahn steht, gibt es nun zwei Alternativen: entweder mit dem Bus oder aber auf schönem Weg entlang der Ahr zur Talstation wandern (Weg Nr. 4, 50 Hm, 0:45 Std.).

Schwarzenstein überm Ahrntal

13 Knappnock, 2132 m

Über dem Mühlwalder Tal

mittel 1000 hm 4:15 Std.

Tourencharakter:
Bis zur Putzenalm zwar steile, aber einfache Tour (blau). Der z. T. sehr steile Gipfelaufbau verlangt dann absolute Trittsicherheit. Auf keinen Fall bei Regen, Schnee oder Eis begehen!

Beste Jahreszeit:
Ende Juni bis Oktober

Ausgangs-/Endpunkt:
Mühlwald, ca. 1150 m, im gleichnamigen Tal; wenige Parkplätze von Sand kommend auf der linken Seite neben dem Elektrogeschäft, alternativ beim Sportplatz parken (s. Abstiegsvariante). Bus (Nr. 451) ab und bis Sand in Taufers

Zwischenziel:
Putzenalm – von hier ist es aber nicht mehr weit bis zum Gipfel

Gehzeit:
Mühlwald – Putzenalm 1:45 Std. – Knappnock 0:45 Std. – Putzenalm 0:30 Std. – Mühlwald 1:15 Std.

Karte:
Kompass Nr. 081 Pfunderer Berge, Tabacco Nr. 036 Sand in Taufers, beide 1:25 000

Markierung:
Rot-weiß, Nr. 1

Einkehr:
Keine Möglichkeit

Tourismus-Info:
Tourismusverein Mühlwald/Lappach, Hauptort 18/A, I-39030 Mühlwald, Tel. +39/0474/65 32 20, www.muehlwald.com

Kein »echter« Gipfel, sondern fast nur ein Felsvorsprung, dazu kaum Aussicht nach Süden: Kleine Berge wie der Knappnock haben es schwer und werden kaum beachtet. Dabei lässt sich von seinem Gipfel das ganze Mühlwalder Tal überblicken. Und auch eine Rast bei der schön gelegenen Putzenalm lohnt den Anstieg.

Zum Knappnock In **Mühlwald**, ca. 1150 m, überqueren wir den Mühlwalder Bach und nehmen dann den Weg Nr. 1, der von Anfang an sehr steil durch den Wald hinaufführt. Fast ohne Kehren geht's anhaltend steil bergan, und wir gewinnen sehr schnell an Höhe. Zwischendurch kreuzen wir ganz kurz einen Fahrweg, das ist es dann aber auch schon mit den Flachstrecken gewesen.
Wir passieren die **Haselgruber Alm**, 1487 m, die nicht mehr als eine Hütte im Wald ist. Weiter oben kreuzen wir nochmals den Fahrweg. Erst unterhalb der Putzenalm, wenn wir den Wald verlassen, legt sich das Gelände

Gewitterstimmung über der Rieserfernergruppe

zurück. Die Knappalm bleibt rechts unterhalb, und zuletzt erreichen wir über offenes Weidegelände die schön gelegene **Putzenalm**, 1965 m. Der Pfad führt von der Almhütte links haltend zunächst am Zaun entlang, dann über eine flache Wiese hinüber zum Gipfelaufbau unseres Berges. Wir verlieren im lichten Wald ein paar Höhenmeter, queren dabei auch Blockfelder, bevor der Pfad durch die z. T. sehr steile Flanke in Kehren auf die mit Bäumen und Sträuchern bewachsene Gipfelhochfläche führt. In leichtem Auf und Ab erreichen wir das große Gipfelkreuz auf dem **Knappnock**, 2132 m. Der Berg bietet eine schöne Rundsicht über das Mühlwalder Tal. Darüber ragen die Berge zwischen Speikboden und Tristenspitz und dahinter die Zillertaler Alpen auf. Im Osten zeigen sich die Gipfel der Rieserfernergruppe, und im Süden verstellen die wesentlich höheren Gipfel zwischen Reisnock und Putzenhöhe den Blick auf die Dolomiten.

Nach Mühlwald Für den Abstieg gibt es mehrere Varianten: Neben der Rückkehr auf dem Anstiegsweg besteht ab der Putzenalm auch die Möglichkeit, gemütlich auf dem Fahrweg abzusteigen. Normalerweise gelten Fahrwege eher als langweilig – in diesem Fall bietet sich dem Wanderer aber etwas, was man beim steilen Anstieg durch den Wald praktisch nie hat: Ausblicke. Wer so absteigt, erreicht den Talboden in der Nähe des Sportplatzes. Von hier folgt man dem Talweg rechts des Mühlwalder Bachs zum Parkplatz. Eine weitere Möglichkeit ist die Überschreitung des Gipfels: Auf Weg Nr. 2 steigt man östlich zur Außerpeintneralm und von dort auf einem noch steileren Weg als im Anstieg weiter nach Mühlwald hinab.

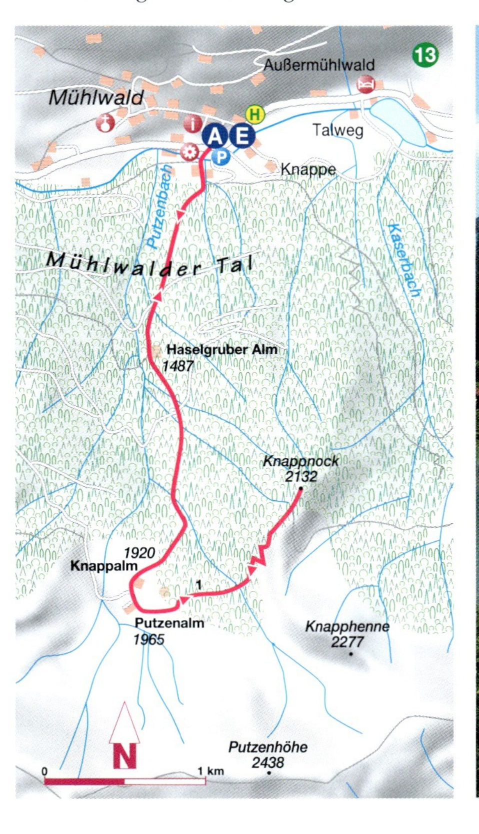

Stausee im Mühlwalder Tal

14

Bärenluegspitz, 2960 m – Dreieckspitze, 3031 m

Ein vergessener Trabant

anspruchs-voll | 1270 hm | 8:00 Std.

Tourencharakter:
Traumhafte und bis zur Bärenluegscharte einfache Bergwanderung. Zum Bärenluegspitz steile Schutthalden und nur für erfahrene Alpinwanderer, mit dem Blick für den »richtigen Pfad«. Für die Dreieckspitze (rot) ist Trittsicherheit erforderlich.

Beste Jahreszeit:
Juli bis Ende September (Nordseite!)

Ausgangs-/Endpunkt:
Parkplatz Knuttental, ca. 1690 m, z. T. schmale Straße ab Rein. Bus (Nr. 452) ab und bis Sand in Taufers nur bis Rein

Zwischenziel:
Kofler Seen

Gehzeit:
Knuttental – Obere Kofleralm 1:30 Std. – Kofler Seen 0:45 Std. – Bärenluegscharte 1:15 Std. – Bärenluegspitz 0:30 Std. – Bärenluegscharte 0:15 Std. – Dreieckspitze 0:45 Std. – Bärenluegscharte 0:30 Std.– Kofler Seen 1 Std. – Obere Kofleralm 0:30 Std. – Knuttental 1 Std.

Karte:
1:25 000, Kompass 082 Ahrntaler Berge, Tabacco 035 Ahrntal – Rieserfernergruppe.

Markierung:
Rot-weiß, Nr. 8A und 9A; Gipfelanstiege nur Pfad- und Steigspuren, teilweise mit Steinmännern markiert

Einkehr:
Keine Möglichkeit

Tourismus-Info:
Tourismusverein Sand in Taufers, Josef-Jungmann-Str. 8, I-39032 Sand in Taufers, Tel. +39/0474/67 80 76, www.taufers.com

Neben einem populären Berg mit markiertem Steig werden die anderen Gipfel ringsum fast gar nicht beachtet. Die sogenannten »Trabanten« haben es schwer, ihnen fehlt oft das Renommee, um wahrgenommen zu werden. Sie bieten aber die Einsamkeit und Stille, die man auf ihren populären Nachbarn nicht immer findet.

So ist es auch hier: Während die Dreieckspitze in der Hochsaison einigermaßen häufig bestiegen wird, dabei jedoch alles andere als überlaufen ist, wird der Bärenluegspitz nur ganz selten besucht. Es sind mehr oder weniger ausschließlich Einheimische, die hier hochsteigen – keine Markierung, nur Wegspuren und auch kein Dreitausender, im Gegensatz zur populären Konkurrenz. So wird man am Bärenluegspitz meist allein unterwegs sein und auch kaum einmal einem Bären begegnen. Dennoch ist der Name wohl ein Hinweis darauf, dass es hier früher Bären gegeben hat.
Wer einigermaßen fit ist, kann beide Gipfel an einem Tag besuchen. Da kommen dann zwar ca. 1460 Hm und 8 Std. Gehzeit zusammen, aber diesen Tourentag wird man nie mehr vergessen! Die Landschaft im Naturpark Rieserferner-Ahrn gehört zu den schönsten in ganz Südtirol, und wenn man nicht gerade im August oder an einem Wochenende kommt, wird man kaum allzu viele Wanderer treffen. Selbst die Kofler Seen sind in der Regel nicht überlaufen. Wer mit dem Bus anreist, hat auf Weg Nr. 8B zwar kaum ei-

Oberer Kofler See und Schneebiger Nock

nen längeren Zeitaufwand, kann aber längst nicht so früh starten, weil man mit dem Bus nur an Schultagen (also nicht im Hochsommer!) bereits gegen 7 Uhr in Rein ist.

Bärenluegspitz (l.), Bärenluegscharte (m.), darüber die Durreckgruppe

Zu den Kofler Seen Vom **Knuttental**, ca. 1690 m, wandern wir zunächst auf der asphaltierten Straße am Ebnerhof vorbei, bis kurz hinter einer Spitzkehre der markierte Pfad links abzweigt. Durch wunderschönen Lärchen-

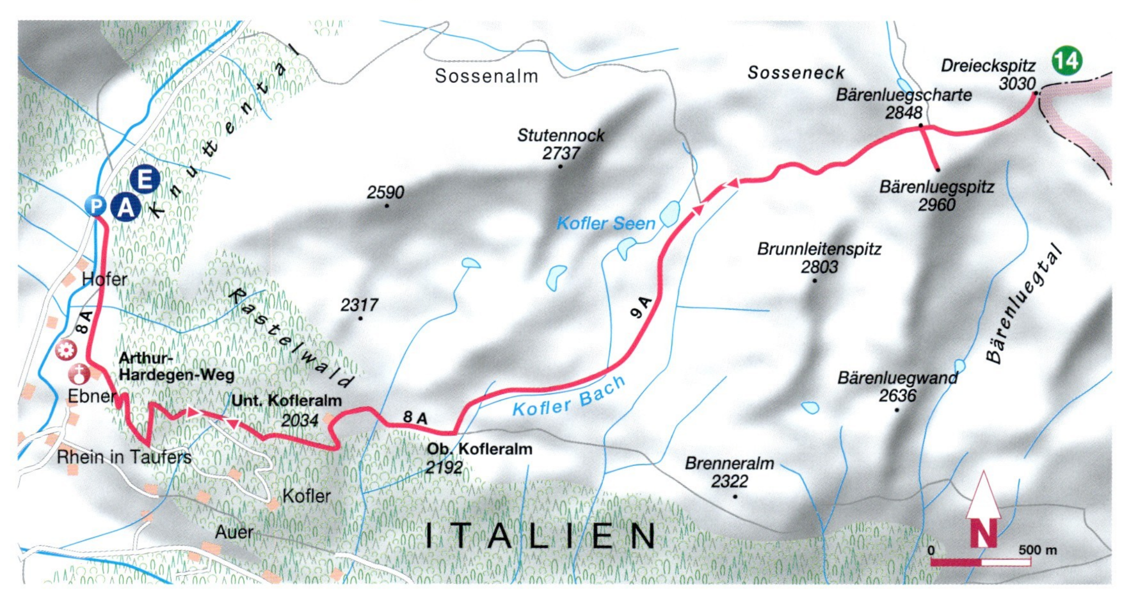

wald, oft vorbei an fast ebenso schönen Holzzäunen, steigen wir in einem großen Bogen zur **Unteren Kofleralm**, 2034 m, auf. Von hier geht's auf einem sehr schönen Pfad in einer langen Querung zur Terrasse der **Oberen Kofleralm**, 2192 m, hinauf. Einige Minuten vor den Hütten zweigt unser Pfad links ab, und wir wandern durch eine herrliche Weidelandschaft mit mäandrierenden Bergbächen, die uns immer wieder schöne Ausblicke auf die Bergwelt um den Rieserferner schenkt. So gelangen wir zu den **Kofler Seen**, 2439 m, die in einer Mulde vor sich hin träumen. Weiter oberhalb, auf einer Stufe unter dem Stutennock, liegen noch weitere Seen …

Zur Bärenluegscharte Ein wenig oberhalb der Seen verzweigen sich die Wege – unserer führt rechter Hand auf die Blockhalden unter dem Sosseneck zu. Der Pfad wird schon bald steiler, und wir passieren die ersten Blockfelder. Im Rasenhang oberhalb wird das Gelände noch steiler, und in Kehren steigen wir hinauf in eine steinige Mulde, die wir durchqueren, bevor wir über einen kurzen Hang die **Bärenluegscharte**, 2848 m, erreichen. Auf der anderen Seite der Scharte breitet sich ein riesiges Geröllfeld aus – nur Steine, wohin man auch schaut.

Zum Bärenluegspitz Aus der Scharte steigen wir zunächst direkt über die Gletscherschliffplatten in südlicher Richtung zum Gipfel auf. Bereits hier

Dreieckspitze und Venedigergruppe vom Bärenluegspitz

findet der aufmerksame Bergwanderer ab und zu kleinere Steinmänner, welche den »Weg« weisen. Wir steigen so lange über den breiten Rücken auf, bis große und fast senkrechte Felsen diesen versperren. Hier queren wir ein Stück weit nach rechts in die Flanke hinein, kehren aber schon bald wieder zur Grathöhe zurück.

Wir folgen dem Grat bis zum **Vorgipfel** – zum Schluss über einige leichte Stufen, bei denen schon mal die Hände zum Einsatz kommen können. Vom Vorgipfel steigen wir über Blöcke in einen kleinen Sattel ab und auf der anderen Seite hinauf zum **Bärenluegspitz**, 2960 m, der von einigen Steinmännern geziert wird. Die Rundsicht reicht natürlich nicht so weit wie die von der höheren Dreieckspitze, dafür genießt man von hier oben einen schönen Tiefblick auf die Kofler Seen. Der Abstieg zur Scharte erfolgt auf derselben Route. Der Autor rät davon ab, die steilen Schutthalden rechter Hand vom Anstiegspfad für den Auf- und Abstieg zu benutzen, auch wenn es für manche einfacher aussehen mag. Der hier beschriebene Anstieg ist die beste und sicherste Alternative!

Zur Dreieckspitze Aus der Bärenluegscharte queren wir bisweilen ein wenig mühsam das Blockfeld unter dem Bärenluegspitz; Steigspuren und Steinmänner helfen uns dabei. Der **Sattel** im Südostgrat der Dreieckspitze ist unser nächster Fixpunkt. Ab hier steigen wir über den Südostgrat mit seinen z. T. großen Blöcken einfach zum Gipfel der **Dreieckspitze**, 3031 m, die von einem großen Kreuz geziert wird. Die Rundsicht reicht sehr weit und präsentiert uns die Gipfel der Rieserferner- und der Venedigergruppe. Hinter der Durreckgruppe erhebt sich der Zillertaler Hauptkamm – ein Bild, das beim Autor den nachhaltigsten Eindruck der Rundsicht hinterlassen hat. Es erinnerte ihn stark an den Hauptkamm der Berner Alpen, wie man ihn von vielen Wanderbergen der Walliser Alpen aus bewundern kann. Tiefblicke fehlen fast völlig, und man fühlt sich hier oben fast schon ein wenig weltentrückt, auch weil keine einzige menschliche Siedlung zu sehen ist.

Nach Rein Der Abstieg erfolgt auf denselben Pfaden und Steigen.

Bärenluegspitz (r.) und Schneebiger Nock

15 Hinterbergkofel, 2727 m

Abstecher nach Osttirol

mittel 680 hm 4:00 Std.

Tourencharakter:
Kurze und bis zum Gipfel ziemlich einfache Tour. Der Abstieg ist anspruchsvoller: Er verlangt zu Beginn absolute Trittsicherheit und im unteren Bereich einen guten Orientierungssinn. Bei Nebel ist diese Variante nicht zu empfehlen, die Orientierung wird dann sehr schwierig!

Beste Jahreszeit:
Juli bis Mitte Oktober, je nach Schneelage (Nordseite!)

Ausgangs-/Endpunkt:
Staller Sattel, 2052 m, z. T. schmale Straße ab Antholz mit Einbahnregelung, Parkplatz. Keine Busverbindung, die Busse fahren nur bis zum Antholzer See (Nr. 431).

Gehzeit:
Staller Sattel – Halsscharte 1:30 Std. – Hinterbergkofel 0:45 Std. – Staller Sattel 1:45 Std.

Karte:
Kompass Nr. 057 Antholz–Gsies, Tabacco Nr. 032 Antholzer Tal–Gsieser Tal, beide 1:25 000

Markierung:
Rot-weiß, Nr. 53, 53B und 7; Abstieg vom Sattel P. 2656 m nur mit Steinmännern markiert

Einkehr:
Keine Möglichkeit

Tourismus-Info:
Tourismusverein Antholzertal, Mittertal 81, I-39030 Antholz, Tel. +39/0474/49 21 16, www.antholz.com

Genau das, was man beim Titel dieses Buchs erwarten würde: ein gut ausgeprägter, aber nicht markierter Pfad, der zudem wenig begangen wird. Der Hinterbergkofel zählt ganz sicher nicht zu den überlaufenen Bergen, und wer auf der hier beschriebenen Route ins Agsttal absteigt, wird dort kaum einmal auf andere Wanderer treffen.

Die Villgratner Berge (früher: Defereggei Alpen) gehören größtenteils zu den stillen Bergen. Im Südtiroler Teil erhalten wohl nur die Rote Wand, das Toblacher Pfannhorn und der Lutterkopf häufiger Besuch. Ansonsten ist man hier oft allein unterwegs oder trifft nur wenige andere Bergwanderer. Ein Grund dafür sind sicher die benachbarten Berggruppen, die deutlich beliebter sind. Dies gilt natürlich vor allem für die Sextener Dolomiten, aber auch für einige Gipfel der Rieserfernergruppe.

Geht es am Hinterbergkofel schon auf dem Normalweg meist ruhig zu, so ist der Abstieg vom Gipfel ins Agsttal tatsächlich ein richtig »vergessener Pfad«, und man fragt sich, warum diese interessante Route nicht markiert und unterhalten wird. Aber ganz ehrlich: Es ist schön, dass es auch solche Wege gibt, auf denen man ohne Markierung auskommen muss. Obwohl dies auch hier nicht ganz der Fall ist, da einige Steinmänner die Weg- und Spurensuche erleichtern. Aber Touren dieser Art fordern Bergwanderer stärker, sich mit der genauen Wegführung auseinanderzusetzen, als dies auf (über-) markierten Wegen und Steigen der Fall ist. Für den Autor ist diese Tour ein kleines Juwel, das er am liebsten für sich behalten würde … Es sei nochmals darauf hingewiesen, dass die Abstiegsroute deutlich mehr an Erfahrung, Trittsicherheit und dazu ein gesundes Orientierungsvermögen verlangt – bei Schnee und Eis sollte man besser darauf verzichten! Auf dem üblichen Anstieg vom Staller Sattel kann dagegen jeder trittsichere Bergwanderer den Gipfel erreichen – sobald der blockige Gipfelhang schneefrei ist. Und wer es noch ruhiger mag, der steigt von der Halsscharte auf Wegspuren zur benachbarten Innerrodelgungge, die noch weniger begangen wird als der Hinterbergkofel.

Am Hinterbergkofel

Zum Hinterbergkofel Vom **Staller Sattel**, 2052 m, wandern wir ein ganz kurzes Stück gemeinsam mit den Aspiranten für die Rote Wand, bis in einer Mulde unser Pfad Nr. 53 nach links abzweigt (gelber österreichischer Wegweiser). Wir queren durch eine Hochmoorlandschaft hinüber ins Weißenbachtal zwischen Rosskopf und Hinterbergkofel und steigen durch das schmale Tal empor. Dabei wechseln steilere Stufen mit flacheren Passagen ab. Einige Minuten unter der **Halsscharte**, 2549 m, zweigt der Gipfelanstieg rechts ab. Wir steigen also nicht ganz bis in die Scharte hinauf! Über blockübersäte Wiesen geht's hinauf zum Gipfelaufbau, der aus steilen Blockfeldern gebildet wird. Diese durchquert der Pfad in Kehren zum Westgrat hinauf. Zuletzt wandern wir über den breiten Kamm hinüber zum Kreuz auf dem **Hinterbergkofel**, 2727 m. Die Rundsicht reicht im Südhalbrund sehr weit: Unzählige Gipfel der Dolomiten bilden den Horizont im Süden und Südwesten. Nach Südosten zieht der Karnische Hauptkamm, dahinter sind an klaren Tagen die Julischen Alpen zu sehen. Im Vordergrund vor den Südlichen Kalkalpen erheben sich die einsamen Villgratner Berge. Im nördlichen Halbrund stehen die Gipfel der Hohen Tauern mit Großglockner, Großvenediger und vor allem den nahen und mächtigen Gipfeln der Rieserfernergruppe (Hochgall, Wildgall).

Innerrodelgungge und Deferegger Pfannhorn

Zum Staller Sattel Vom Gipfel steigen wir am zunächst breiten, bald jedoch schmalen Südostgrat in einen namenlosen **Sattel**, P. 2656 m, ab. Dieser Abschnitt auf einem schmalen Pfad im steilen Schutt verlangt Trittsicherheit – bei Regen und Schnee wird von einer Begehung abgeraten!

Im Sattel steht ein Wegweiser, der jedoch nur den Abstieg zur Weißbach-Alm und ins Gsieser Tal angibt. Wir wählen den zwar unmarkierten, aber gut ausgeprägten Pfad, der sogleich nach rechts (westlich) hinabführt. Nicht den Spuren folgen, die über den Grat zum Kaserspitz führen!

Der Pfad fällt dann in Kehren durch die Blockhalden bis auf eine breite Terrasse unter dem Südwestgrat des Hinterbergkofels hinab. Bis hierher ist er immer bestens erkennbar, aber nun müssen wir genau auf seinen Verlauf achten. Er quert zunächst leicht fallend den unteren Bereich der Hinterbergkofel-Westflanke talwärts in nördlicher Richtung. Schon bald biegt er jedoch wieder westlich ab, und nach einem kurzen steileren Stück geht's wieder am Hang entlang. Wir halten mehr oder weniger immer auf den breiten Fahrweg im unteren Agsttal zu und achten dabei auf die Steinmänner, die uns die Richtung weisen. Bei guter Sicht gelangen wir so problemlos auf den oben erwähnten Fahrweg, den wir auf ca. 2210 m oberhalb einer Kehre und der Einmündung des Weges von der Steinzgeralm erreichen. Sogleich sind wir nicht mehr allein, denn hier sind oft viele Besteiger der Roten Wand unterwegs. Auf dem Fahrweg bummeln wir gemütlich hinab zum Staller Sattel.

Anstieg zum Hinterbergkofel

16 Großer Rosskopf, 2559 m

leicht 1070 hm 6:00 Std.

Tourencharakter:
Meist einfache Tour, die aber am Gipfelaufbau und im Kaserbachtal Trittsicherheit erfordert. Bei schlechter Sicht ist der Abstieg ins Kaserbachtal schwierig zu finden. Die Tour ist anstrengender, als es die Höhendifferenz aussagt!

Beste Jahreszeit:
Juni bis Oktober

Ausgangs-/Endpunkt:
Alpengasthof Brückele, 1491 m, Straße aus dem Pustertal über Prags, gebührenpflichtiger Parkplatz. Bus (Nr. 442) ab und bis Toblach

Zwischenziel:
Postmeisteralm

Gehzeit:
Brückele – Postmeisteralm 1:30 Std. – Törl 1:30 Std. – Großer Rosskopf 0:30 Std. – Brückele 2:30 Std.

Karte:
Kompass Nr. 045 Bruneck–Kronplatz, Tabacco Nr. 031 Pragser Dolomiten–Enneberg, beide 1:25 000

Markierung:
Rot-weiß, Nr. 29, 28 und 30; zum Gipfel alte, verblasste Markierungen ohne Nummer

Einkehr:
Keine Möglichkeit

Tourismus-Info:
Tourismusverein Pragser Tal, Außerprags 78, I-39030 Prags, Tel. +39/0474/748660, www.hochpustertal.info

Stille Gipfelrunde über dem Pragser Tal

In den östlichen Pragser Dolomiten bietet der Große Rosskopf eine schöne Rundtour in meist in stiller, manchmal sogar einsamer Umgebung. Ganz allein unterwegs wird man zwar nicht immer sein, aber verglichen mit dem populären Dürrenstein gegenüber sind die Besucherzahlen hier nicht der Rede wert.

Bereits der Aufstieg über die in herrlicher Balkonlage thronende Postmeisteralm gehört zu den eher stillen Bergwanderungen in den Dolomiten. Richtig einsam ist dann der Abstieg durchs Kaserbachtal. Hier wird man nur sehr selten anderen Wanderern begegnen und dafür ein noch ursprüngliches Tal der Dolomiten erleben. Auf manchen älteren Karten wird der Rosskopf übrigens auch als »Rosskofel« bezeichnet.

Zur Postmeisteralm Beim **Brückele**, 1491 m, nehmen wir den Fahrweg, der gleich hinter dem Mauthäuschen rechts abzweigt. Vorbei an einem Kriegsdenkmal zweigt unser Anstieg mit der Nr. 29 schon bald einmal nach rechts ab. Sogleich schraubt sich der gute Weg steil in die Höhe und durchzieht so eine hohe Stufe aus Felsen und Schrofen, die ohne Weg für Bergwanderer unmöglich zu durchsteigen wäre. Oberhalb der Stufe steigen wir über einen Rücken aus Latschen und Lärchen weiter und erreichen so die **Postmeis-**

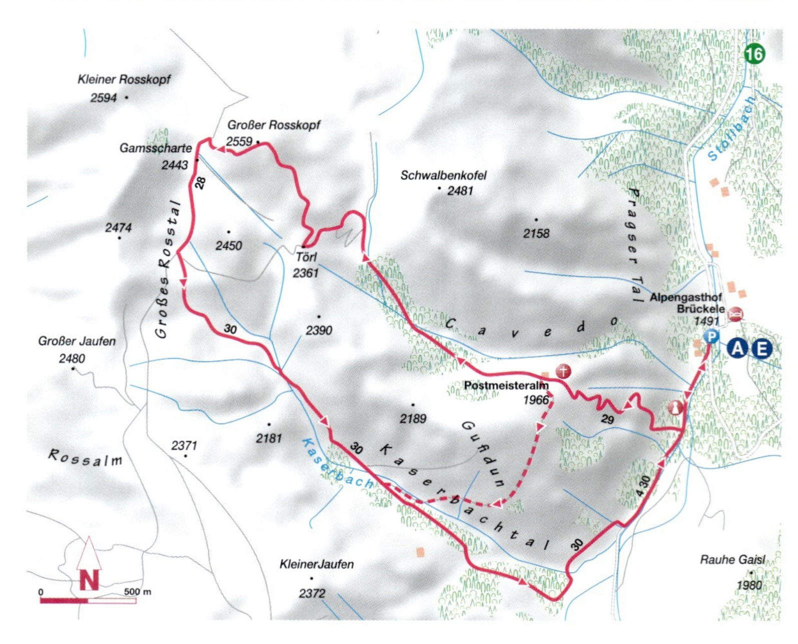

Abstieg durchs Kaserbachtal

Pause am Rosskopf mit Dürrenstein und Sextener Dolomiten

teralm, 1966 m, die aussichtsreich auf einer Geländestufe hoch über dem inneren Pragser Tal liegt. Von hier ist es möglich, ins Kaserbachtal und weiter zum Brückele abzusteigen (s. Tipp).

Zum Rosskopf Zwischen den Almhütten hindurch wandern wir zunächst flach durch eine parkartige Landschaft in das namenlose Tal hinein, das vom Rosskopf herabzieht. Wir queren den Bach und steigen hinauf in die breite Mulde zwischen Schwalbenkofel und unserem Ziel. Hier tummeln sich oft Murmeltiere, während sich in den steilen Hängen des Schwalbenkofels Gämsen sehr wohlfühlen.

In einem Bogen queren wir in die grasigen Hänge des Rosskofels hinein und erreichen auf einem fast ebenen Höhensteig das **Törl**, 2361 m, im Südgrat des Rosskopfs. Von hier sehen wir zum ersten Mal ins Große Rosstal hinüber, das seinen Namen nicht umsonst trägt, denn hier treffen Bergwanderer oft auf frei weidende Pferde. Überhaupt begegnet man fast überall in Südtirol Pferden, die sich zumeist völlig frei bewegen dürfen.

Am Pfad zum Gipfel sind die wenigen Markierungen meist verblasst und kaum sichtbar. Da wir jedoch stets über einen Rücken ansteigen, gibt es keine Orientierungsprobleme. Wir queren nun kurz nach rechts in die Flanke, um einen felsigen Kopf zu umgehen. Oberhalb davon bleiben wir am breiten Rücken und erreichen problemlos das Gipfelkreuz auf der breiten Hochfläche auf dem **Großen Rosskopf**, 2559 m. Die Rundsicht vereinigt wie auf allen Gipfeln der Pragser Dolomiten den Gegensatz zwischen den hellen Kalkgipfeln im Süden und den vergletscherten Bergen der Zentralalpen im Norden. Wuchtig ragt im Süden die Hohe Gaisl aus dem Gipfelmeer der Dolomiten empor. Im Südosten können wir hinter dem Dürrenstein die Zinnen und Zacken der Sextener Dolomiten kaum zählen. Ein ruhigeres Bild bieten die Berge rund um die Fosses-Alm im Südwesten mit dem bekannten Seekofel. Dahinter Fanes, Marmolada, Sella, Langkofel und Puez … Im Nordosten präsentieren die Hohen Tauern auch ihre beiden bedeutendsten Gipfel: Großglockner und Großvenediger. Genau im Norden stehen die wunderschönen Berge der Rieserfernergruppe, die nordwestlich vom Zillertaler Hauptkamm flankiert werden. Tief unter uns liegt das Pragser Tal, und selbst vom Pragser Wildsee ist immerhin ein kleiner Zipfel zu sehen. Alternativ lässt sich vom Törl übrigens auch die Gamsscharte auf einem unmarkierten Pfad und so der Westgrat zum Rosskopf erreichen (s. Abstieg).

Zum Brückele Vom Gipfel folgen wir dem Pfad, der steil in Kehren durch bröseliges Gelände in die **Gamsscharte**, 2443 m, hinabführt. Hier mündet von rechts ein Anstieg vom Pragser Tal über eine breite Schutthalde ein. Wir bleiben auf der Südseite des Kamms und wandern auf einem schönen und aussichtsreichen Pfad in das Große Rosstal hinein.
Auf ca. 2330 m verzweigen sich die Wege: Nach rechts führt ein Weg hinauf zur Rossalm, über die wir übrigens ebenfalls zum Ausgangspunkt zurückkehren könnten, was vor allem bei schlechter Sicht zu empfehlen ist (Wege Nr. 28A und 4, maximal 0:30 Std. zusätzlich). Der Pfad hinab ins Kaserbachtal zweigt zunächst gemeinsam mit Weg Nr. 29 nach links ab. Letzterer quert jedoch gleich hinüber zum Törl, während unser Pfad Nr. 30 dann talwärts führt. Hinweis auf einem Stein beachten! Der Pfad ist hier nicht besonders gut ausgeprägt und verlangt unsere Aufmerksamkeit.
Weiter unten in den Latschen wird er dann etwas besser, aber erst nachdem wir den Kaserbach zum ersten Mal gequert haben ist er immer gut erkennbar. Wir queren nun auf der linken Talseite am Hang entlang ein paar Tobel, die Trittsicherheit verlangen. Durch lichten Lärchenwald steigen wir immer tiefer ab bis zu einer Wegverzweigung, 1931 m. Hier mündet von links der unmarkierte Weg von der Postmeisteralm ein. Wir queren den Kaserbach erneut und bleiben nun wieder auf der rechten Talseite. Nach einer erneuten Bachquerung erreichen wir rasch den breiten Talboden unter der Rauhen Gaisl. Auf dem breiten Fahrweg bummeln wir zum Ausgangspunkt zurück.

Rundtour Postmeisteralm

Wie im Text beschrieben mit Weg Nr. 29 zur Postmeisteralm. Von hier links haltend auf einem breiten Weg südwestlich um den Bergrücken hinab ins Kaserbachtal, wo man bei P. 1931 m auf Weg Nr. 30 trifft und – wie im Text beschrieben – wieder zum Brückele hinab wandert (480 Hm, 2:45 Std. insgesamt, blau).

Kleiner Rosskopf (l.) und Herrstein, darüber die Zillertaler Alpen

17

Knollkopf, 2179 m – Rautkopf, 2204 m

Inmitten der Dolomiten-Riesen

leicht | 780 hm | 4:45 Std.

Tourencharakter:
Einfache Gipfeltour auf zwei für Dolomitenverhältnisse eher bescheidene Erhebungen, die aber aufgrund ihrer Lage sehr eindrucksvolle Bilder präsentieren. Im Gipfelbereich sind Trittsicherheit und Orientierungssinn erforderlich.

Beste Jahreszeit:
Juni bis Oktober

Ausgangs-/Endpunkt:
Passhöhe Im Gemärk, 1530 m, an der Straße zwischen Toblach und Cortina, Parkplatz, Bushaltestelle. Bus (Nr. 445) ab und bis Toblach und Cortina

Zwischenziel:
Knollkopf – der kurze Übergang zum Rautkopf lohnt sich aber unbedingt!

Gehzeit:
Im Gemärk – Knollkopf 2:15 Std. – Rautkopf 0:25 Std. – Knollkopf 0:20 Std. – Im Gemärk 1:45 Std.

Karte:
Kompass Nr. 047 Drei Zinnen, Tabacco Nr. 031 Pragser Dolomiten-Enneberg, beide 1:25 000

Markierung:
Rot-weiß, Nr. 18 und 37 bis zur Plätzwiese; die Gipfelanstiege sind nicht markiert und verlaufen z. T. nur auf Pfadspuren.

Einkehr:
Verschiedene Berggasthäuser auf der Plätzwiese. Infos über Tourismusverein Toblach

Tourismus-Info:
Tourismusverein Toblach, Dolomitenstr. 3, I-39034 Toblach, Tel. +39/0474/97 21 32, www.hochpustertal.info

Dieses Duo macht inmitten gewaltiger Dolomiten-Prominenz kaum Eindruck. Sie sind aber gerade weit genug von den Riesen entfernt, um eine beeindruckende Rundsicht zu bieten. Das wussten schon die Militärs im Ersten Weltkrieg, wie die militärischen Anlagen beweisen, die auch auf diesen beiden bescheidenen Gipfelchen zu finden sind.

Dass auf den Kamm zwischen Knollkopf und Rautkopf kein markierter Steig führt, erstaunt doch einigermaßen, ist doch die Plätzwiese auf der

Knollkopf von der Plätzwiese, darüber das Cristallo-Massiv

Nordseite eines der meistbesuchten Ziele in den Pragser Dolomiten. So bleibt man auf den beiden eher bescheidenen Gipfeln meist allein, während auf den benachbarten Gipfeln Strudelkopf und Dürrenstein mitunter fast schon Platzkarten ausgegeben werden müssen. Die Höhenangabe der Kompass-Karte von 2130 m für den Rautkopf ist sicher falsch, denn der Berg ist etwas höher als sein nördlicher Nachbar. Die Angabe »2204 m« aus der Tabacco-Karte dürfte stimmen.

Zum Knollkopf Von der Passhöhe **Im Gemärk**, 1530 m, folgen wir dem Wegweiser, der knapp östlich der Passhöhe in Richtung »Plätzwiese« zeigt. Der Weg ist zunächst sehr breit und führt durch die Schuttausläufer des Bachs, der das Knappenfußtal durchzieht. Schon von hier beeindruckt die Hohe Gaisl über uns mit ihrem gewaltigen Aufbau.

Der Bach wird dann zweimal gequert, und dabei ist gut auf die Markierungen zu achten, da im kiesigen Bachbett kein Pfad erkennbar ist. Auf der rechten Seite des Bachs steigt er wieder gut ausgeprägt an. Von rechts mündet der Weg Nr. 18 ein, der etwas östlich unterhalb der Passhöhe beginnt. Der Pfad steigt zunächst moderat an, erst ganz hinten im Talgrund nimmt

die Steigung deutlich zu. In Kehren steigen wir nun über einen schönen Prügelweg hinauf.

Fast eben wandern wir dann hinüber zu einem kleinen **Sattel** mit Wegweiser. Hier folgen wir nach rechts dem breiten Weg zur **Plätzwiese** und von hier rechts haltend weiter dem Weg Nr. 37 Richtung Dürrensteinhütte. Dort, wo auf der rechten Seite ein Weidezaun beginnt, verlassen wir den breiten Weg über die Plätzwiese und folgen dem Verlauf des Zauns, z. T. auf deutlichen Wegspuren. Rechts vom Zaun sehen wir eine **Almhütte**, die uns als Orientierung dient. Wir können sie auch schon vorher von der Plätzwiesenhütte beliebig über Wiesen ansteuern. Weiter oben führt eine Pfadspur linker Hand vom Zaun weg. Sie quert die Mulde unter dem Knollkopf hinüber zum Nordostgrat und führt über diesen auf das Gipfeldach. Über einen letzten Hang erreichen wir den **Knollkopf**, 2179 m, mit Mini-Steinmann und einem selbst gebastelten Mini-Gipfelkreuz. Bereits hier genießen wir eine sehr beeindruckende Sicht auf Monte Cristallo und Hohe Gaisl, dazwischen die drei Tofane. Nördlich über der Plätzwiese erhebt sich der Dürrenstein.

Zum Rautkopf Achtung beim Abstieg vom Knollkopf – hier befindet sich genau im Hang ein tiefer Schacht (ehemalige Kriegsstellung), der von oben nicht gut erkennbar ist, also Vorsicht!

Wir steigen zunächst meist direkt am Rücken in einen **Sattel**, 2127 m, hinab. Der Pfad ist meist gut erkennbar, aber bisweilen durch die Latschen schon ziemlich zugewachsen. Vom Sattel umgehen wir den namenlosen und mit Latschen bewachsenen Zwischenkopf und queren auf einem aussichtsreichen Höhenweg hinüber zum nächsten kleinen **Sattel** vor dem Rautkopf, den wir auf der Westseite umgehen. Rasch erreichen wir den **Rautkopf**, 2204 m, mit einem Mini-Gipfelkreuz. Links oder rechts haltend gelangen wir zum südlichen Eckpunkt des Berges mit einer ehemaligen Kriegsstellung.

Hohe Gaisl (l.) und Dürrenstein vom Katzenleitenkopf

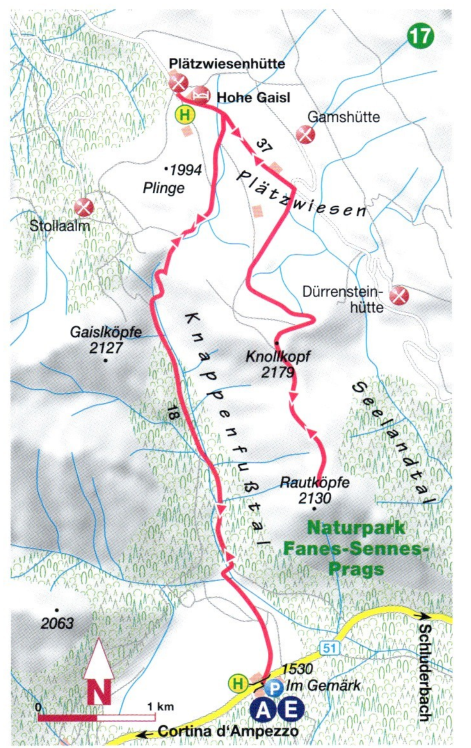

Alpenanemone

Beeindruckend sind die Riesen, die um uns herumstehen: Drei Zinnen, Cristallo, Tofane, Hohe Gaisl, Dürrenstein … Dazu gibt's eindrucksvolle Tiefblicke ins Tal zwischen Schluderbach und Cortina.

Zum Gemärk Der Abstieg erfolgt auf den bekannten Pfaden.

Katzenleitenkopf Wer die Drei Zinnen ohne Zeugen betrachten möchte, dem bietet der Katzenleitenkopf eine schöne, kurze und stille Tour – zumindest wenn man außerhalb der Saison (Juni und Herbst) und nicht an Wochenenden hierher kommt. Ausgangspunkt ist die Mautstelle der Straße zur Auronzohütte; sie ist von Toblach mit dem Pkw via Misurina oder auch mit dem Bus Nr. 445 erreichbar. Von der Mautstelle, 1851 m, links neben der Straße dem breiten Fahrweg folgend zur Malga Rinbianco. Von hier kurz an der Mautstraße weiter, bis ein Pfad links abzweigt. Durch schöne Wälder wenig steil hinauf in die Forcella de l'Arghena, 2087 m. Von hier links haltend einen Vorgipfel links umgehen, zunächst durch Latschen, dann kurzzeitig ziemlich steil durch Schutt in einen weiteren kleinen Sattel mit Kriegsstellungen. Weiter links haltend zu einer Felsstufe, die leichte Kletterei im I. Schwierigkeitsgrad erfordert. Ohne wirklich schwierig zu sein, verlangt die ungesicherte Passage absolute Trittsicherheit und Schwindelfreiheit. Noch ein paar Kehren, dann steht man auf der Gipfelhochfläche am Katzenleitenkopf, 2262 m. Diese ist mit einem kleinen selbst gebastelten Kreuz geschmückt und mit Latschen überzogen. Um alles zu sehen, muss man ein wenig am Gipfel umherwandern. Schöner Rundblick auf Drei Zinnen, Cadini, Sorapiss, Cristallo, Hohe Gaisl, Dürrenstein und Monte Piano (410 Hm, 3:30 Std. insgesamt, »dunkelrot« – Felsstufe!).

18 Kasamutz, 2333 m

Im Bann des Dürrensteins

mittel 1030 hm 5:45 Std.

Tourencharakter:
Abwechslungsreiche Bergwanderung, die am teilweise ausgesetzten Gipfelgrat (»dunkelrot«) jedoch absolute Trittsicherheit und Schwindelfreiheit erfordert! Der Pfad ist hier nicht überall ausgeprägt, und bei Nässe und Schnee ist von einer Begehung abzuraten. Zwischen Flodigealm und dem Gipfelgrat ist zudem Orientierungssinn gefragt.

Beste Jahreszeit:
Juni bis Oktober

Ausgangs-/Endpunkt:
Militärfriedhof, 1310 m, im Höhlensteintal, Straße von Toblach, Parkplatz, keine offizielle Bushaltestelle, Halt evtl. nach Absprache mit dem Busfahrer. Bus (Nr. 445) ab und bis Toblach

Zwischenziel:
Flodigealm

Gehzeit:
Höhlensteintal – Flodigealm 2 Std. – Kasamutz 1:30 Std. – Flodigesattel 0:45 Std. – Höhlensteintal 1:30 Std.

Karte:
Kompass Nr. 045 Bruneck–Kronplatz, Tabacco Nr. 031 Pragser Dolomiten–Enneberg, beide 1:25 000

Markierung:
Rot-weiß, Nr. 33 und 33A; Gipfelanstieg nicht markiert

Einkehr:
Keine Möglichkeit

Tourismus-Info:
Tourismusverein Toblach, Dolomitenstr. 3, I-39034 Toblach, Tel. +39/0474/97 21 32, www.hochpustertal.info

Der Gipfelpfad zum Kasamutz ist der Prototyp eines »vergessenen Pfads« – nicht umsonst ziert er das Cover dieses Wanderführers. Ebenso ist der Kasamutz so etwas wie ein vergessener Gipfel. Kein Wunder, zieht doch der alles überragende und dazu erst noch leichter erreichbare Dürrenstein die gesamte Aufmerksamkeit auf sich.

Bereits eine Wanderung zur Flodigealm ist sehr beeindruckend, und wer auf den teilweise ausgesetzten Gang zum Kasamutz verzichten möchte, der kann trotzdem eine lohnende und einfache Rundtour absolvieren. In diesem Fall wie im Text beschrieben zunächst dem Pfad bis zum namenlosen Sattel mit Bildstock folgen. Von hier weiter bis unter den Flodigesattel und wie beschrieben hinab ins Höhlensteintal (850 Hm, 4:15 Std. insgesamt, blau).

Zur Flodigealm Vom **Militärfriedhof**, ca. 1310 m, wandern wir zunächst ein kurzes Stück in südlicher Richtung an der Rienz entlang. Beim E-Werk zweigen wir rechts ab und folgen dem zunächst breiten Fahrweg. Dieser ist

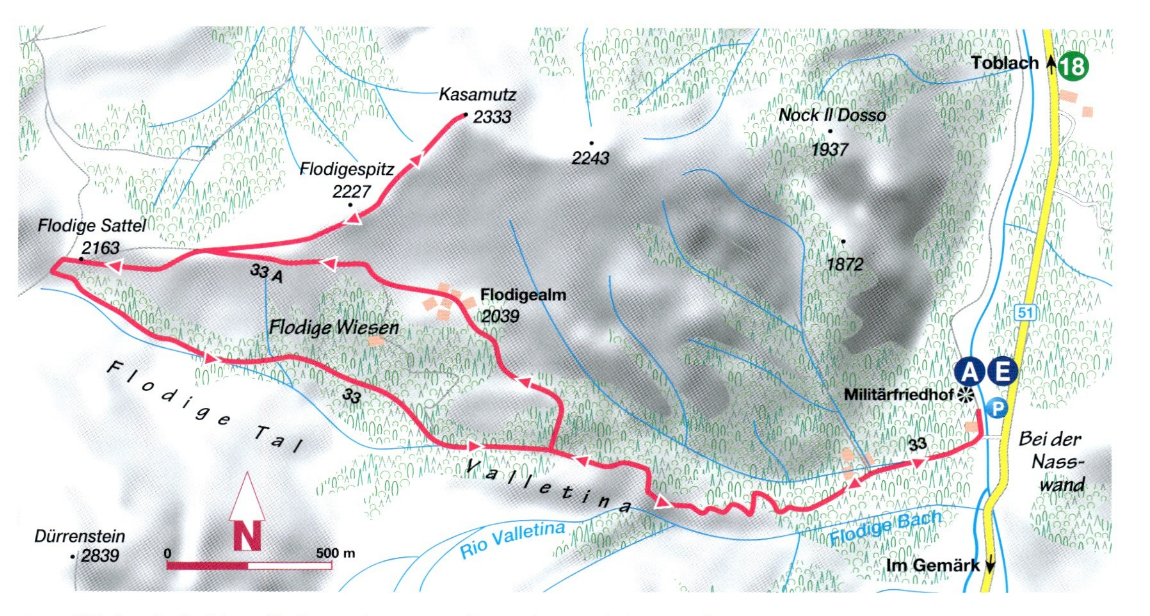

zum Glück sehr bald zu Ende, und uns empfängt ein attraktiver und interessanter Wanderweg, der schon bald eine sehr steile Stufe überwindet. Der Weg ist in diesem Bereich sehr steil und z. T. auch ausgesetzt, aber gut angelegt und durch Geländer bestens gesichert.
Uns umgibt eine wilde Szenerie: Auf beiden Seiten des Höhlensteintals spitzen die Gipfel senkrecht in den Himmel. Die Tatsache, dass sie im unteren Bereich teils mit Bäumen und Sträuchern bewachsen sind, verstärkt den

Steiler Aufstieg ins Flodigetal

Dürrenstein vom Flodigespitz

wilden, unnahbaren Eindruck eher noch. Wenn da nicht die viel befahrene Straße wäre, könnte man sich fast in einen Urwald versetzt fühlen.
Auf einer Höhe von ca. 1800 m legt sich das Gelände ein wenig zurück, und wir betreten den oberen, flacheren Abschnitt des Flodigetals. Im Vorblick beeindruckt der Dürrenstein mit seinen Trabanten, den Pyramiden. Bei P. 1912 m zweigt der Pfad zur Flodigealm rechts ab. Zwar nicht mehr so steil wie zu Beginn, aber noch immer kräftig steigend führt er uns zur **Flodigealm**, 2039 m, die auf einer Lichtung unterhalb des Kasamutz liegt. Vor einem Direktanstieg von der Flodigealm zum Flodigespitz oder gar zum Kasamutz kann der Autor hier nur warnen, obwohl in manchen Karten sogar Steigspuren eingezeichnet sind. Das Gelände ist dort sehr steil, und es braucht außer einem trockenen Boden auch eine perfekte Trittsicherheit!

Zum Kasamutz An z. T. verfallenen Almhütten und an zwei Kuhtränken vorbei wandern wir in nordwestlicher Richtung weiter und achten dabei gut auf die nur sporadisch angebrachten Markierungen. An einigen Stellen ist der Pfad in der Wiese kaum erkennbar.
Wir folgen dem Pfad so lange, bis wir die Grathöhe in einem namenlosen Sattel mit Bildstock und zwei Ruhebänken, ca. 2150 m – noch ein gutes Stück weit östlich des Flodigesattels –, erreichen. Geübte können bereits deutlich früher bei einem Baum mit Markierung den Pfad nach rechts verlassen und weglos über einen gut gestuften Grashang zur Grathöhe ansteigen.
In beiden Fällen wandern wir dann über den zunächst noch bequemen Grasgrat weiter, der allerdings vor dem Flodigespitz deutlich steiler wird. Ab hier sind nun absolute Trittsicherheit und auch Schwindelfreiheit angesagt! Bisweilen sind fast keine Wegspuren vorhanden. Bei zwei Lärchen halten wir uns weiterhin links auf der Kammhöhe und queren erst knapp unter dem Flodigespitz hinüber zum schon seit längerer Zeit sichtbaren Wegweiser. Hier führt der Pfad kurzzeitig abwärts, und wir umgehen so den Flodigespitz, 2227 m, den Vorgipfel des Kasamutz, südöstlich knapp unterhalb der Grathöhe (Wegweiser). Über eine ausgesetzte Stufe steigen wir hinab in den **Sattel** zwischen den beiden Gipfeln und von dort dann auf einem steilen, aber gut ausgeprägten Pfad zum Gipfelkreuz auf dem **Kasamutz**, 2333 m, hinauf. Die Rundsicht ist sehr beeindruckend: Lauter wilde Gesellen umzingeln unseren Gipfel, zumindest im östlichen und im südlichen Halbrund. Neben den Zacken der Sextener Dolomiten, inklusive den Drei Zinnen, beeindruckt natürlich vor allem der nahe und mächtige Dürrenstein, auch wenn er uns einen Teil unseres Panoramas »klaut«. Nördlich schauen wir über Lungkofel und Sarlkofel hinüber zu den Hohen Tauern. Und die Tiefblicke ins Höhlensteintal und zum Toblacher See sind auch nicht ohne …

Ins Höhlensteintal Zunächst wandern wir wieder über den Grat zurück bis in den namenlosen **Sattel**, ca. 2150 m. Von dort queren wir in leichtem Auf und Ab hinüber zum **Flodigesattel**, 2163 m. Dabei steigen wir nicht ganz bis in den Sattel hinauf, sondern zweigen schon vorher links ab auf Weg Nr. 33, der ins Flodigetal hinabführt. Schon bald queren wir eine eindrucksvolle Schutthalde, die vom Dürrenstein herabkommt. Anschließend geht's durch den Wald bis zu P. 1912 m und von dort auf bekanntem Weg hinab ins Höhlensteintal.

Flodigealm mit Dürrenstein

Lungkofel (l.) und Sarlkofel (r.) vom Kasamutz

Im Planeital mit Servenna-
gruppe und Müstertaler Aplen

Zwischen Jaufen und Reschen

19

Ötschspitze, 2590 m – Alpenspitze, 2477 m

Zwischen Passeiertal und Sarntal

mittel | 1380 hm | 7:00 Std.

Tourencharakter:
Einsame Tour auf zwei schöne Aussichtsgipfel. Während für die Alpenspitze lediglich Trittsicherheit erforderlich ist, braucht es für die Ötschspitze auch Schwindelfreiheit (»dunkelrot«) und Erfahrung in brüchigem Schuttgelände.

Beste Jahreszeit:
Ende Juni bis Oktober

Ausgangs-/Endpunkt:
Wannserhof, 1439 m, im Wannser Tal, Anfahrt über die Jaufenstraße, die Abzweigung befindet sich zwischen Alpenrose und Jägerhof, nur wenig Parkraum. Bus (Nr. 240) ab und bis St. Leonhard zur Haltestelle »Innerwalten« und auf Weg Nr. 18 in 0:30 Std. zum Wannserhof

Zwischenziel:
Wannser Joch

Gehzeit:
Wannserhof – Wannser Joch 2:15 Std. – Ötschspitze 1 Std. – Wannser Joch 0:45 Std. – Alpenspitze 0:45 Std. – Sailer Joch 0:30 Std. – Wannserhof 1:45 Std.

Karte:
Tabacco Nr. 039 Passeiertal, 1:25 000; Kompass Nr. 044 Passeiertal und Nr. 056 Sarntaler Alpen, beide 1:50 000

Markierung:
Rot-weiß, Nr. 14B, 14, 14A, 12 und 15

Einkehr:
Wannser Alm, 1641 m, Infos über Bewirtschaftungszeiten beim Tourismusverein Passeiertal

Tourismus-Info:
Tourismusverein Passeiertal, I-39015 St. Leonhard im Passeier, Tel. +39/0473/65 61 88, www.passeiertal.it

In den Sarntaler Alpen finden Berg- und Alpinwanderer noch viele unbekannte und stille Tourenziele. So auch hier: Wer auf die Ötschspitze und die Alpenspitze steigt, ist meist allein unterwegs. Beide lassen sich zu einer idealen Überschreitung zwischen Passeiertal und Sarntal verbinden.

Ohne wirklich schwierig zu sein, ist die Besteigung der Ötschspitze (auf Wegweisern einfach nur mit »Ötsch« bezeichnet) dann aber doch nicht ganz so trivial, wie es sich in manchen Führerpublikationen liest. Wem der Gipfel zu schwierig oder für wen die Tour als Ganzes zu lang ist, der findet bereits mit der Überschreitung der Alpenspitze eine lohnende Rundtour (in diesem Fall 1040 Hm, 5:15 Std., blau).

Zum Wannser Joch Vom **Wannserhof**, 1439 m, folgen wir dem Weg Nr. 14, der uns leider – wie so oft – zunächst nur einen langweiligen Fahrweg anbietet. Dieser Abschnitt ist jedoch recht kurz, und schon nach einer knappen halben Stunde zweigt direkt hinter der **Wannser Alm**, 1641 m, unser Wanderweg

nach rechts ab. Er führt mit anfangs nur mäßiger Steigung tiefer ins Wannser Tal hinein. Dabei halten wir genau auf den Gipfel der Ötschspitze zu. Das Wannser Tal ist ein typisches Gletschertrogtal, wie man es in den Alpen im Bereich der kristallinen Gesteine findet. Diese Gesteine werden umgangssprachlich oft, wenn auch nicht ganz korrekt, als »Urgesteine« bezeichnet. Hier handelt es sich um glimmerreiche Schiefergneise des Altkristallin der Ötztaler und Stubaier Alpen; sie sind also Teil der »Zone der Alten Gneise«. Links wird das Tal vom sehr einsamen Kamm zwischen Hochplattspitze, Gascheibenspitze und Ötschspitze begrenzt; rechts über uns wachsen die Gneiswände zwischen Seespitze und unserem Gipfel, der Alpenspitze, in den Himmel. Der meist bestens ausgeprägte Pfad quert den Waltenbach und holt ein wenig

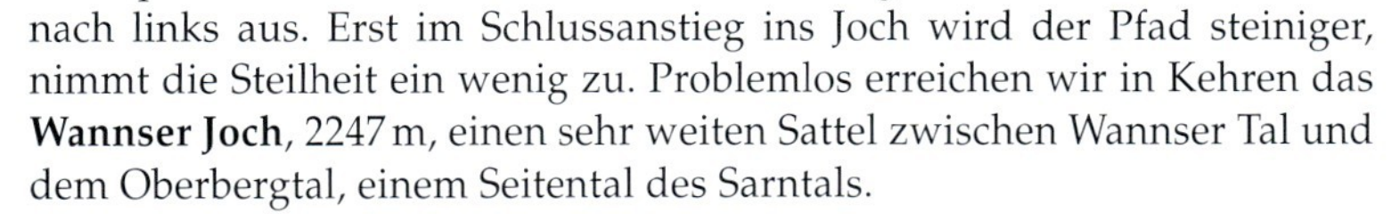

nach links aus. Erst im Schlussanstieg ins Joch wird der Pfad steiniger, nimmt die Steilheit ein wenig zu. Problemlos erreichen wir in Kehren das **Wannser Joch**, 2247 m, einen sehr weiten Sattel zwischen Wannser Tal und dem Oberbergtal, einem Seitental des Sarntals.

Sarntaler Westkamm von der Alpenspitze

Zur Ötschspitze Vom Wannser Joch zunächst links haltend zu einer weiteren Abzweigung (Wegweiser). Hier zweigt nach links der Grat zur Ötschspitze ab. Dieser ist zunächst eher noch ein breiter Kamm, wird aber schon bald schmäler, sodass der Pfad in die sehr steilen Südhänge queren muss. Die folgenden Passagen auf schmalem und ausgesetztem Pfad verlangen nicht nur Trittsicherheit, sondern auch Schwindelfreiheit! Im mittleren Abschnitt führt der meist gut erkennbare Pfad kurz direkt über die schmale Gratschneide.

Ötschspitze (l.), Weißhorn (m.) und Mudatsch von der Alpenspitze

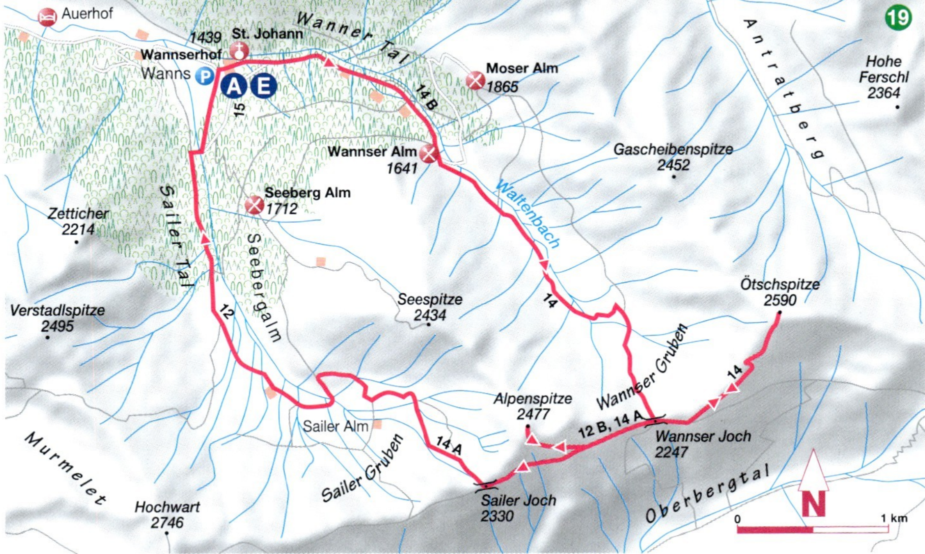

Anschließend geht's wieder in die steile Flanke hinein. Zum Gipfel hin wird das Gelände immer steiler. Der Pfad quert schließlich nach links und erreicht über einen sehr steilen und rutschigen Schutthang das Gipfelkreuz auf der **Ötschspitze**, 2590 m. Die Gipfelrast wird man meist allein verbringen und so die schöne Rundsicht in aller Ruhe genießen können. Nur das Sarntaler Weißhorn schränkt die Sicht ein wenig ein, ansonsten schweift der Blick frei hinüber zu den Gipfeln der Pfunderer Berge und der Zillertaler Alpen. Im Norden und Nordwesten zeigt sich der Alpenhauptkamm mit den Stubaier und den Ötztaler Alpen – sogar die Ötztaler Wildspitze schaut herüber. Nach Süden öffnet sich das Sarntal, umgeben von den gleichnamigen Gipfeln. Darüber spitzen noch die Dolomiten und die Mendelberge hervor, und im Südwesten zeigen sich die Gletscherberge der Ortler-Alpen.

Zur Alpenspitze Vom Wannser Joch folgen wir dem Weg, der in die grasige Südflanke der Alpenspitze quert, bis schon bald der kurze Gipfelanstieg rechts abzweigt. Der Pfad führt zunächst über eine Art Rampe, wendet sich knapp unter dem Gipfel wieder nach rechts und erreicht über den kurzen Grat das Gipfelkreuz auf der **Alpenspitze**, 2477 m. Die Rundsicht ähnelt der von der Ötschspitze, reicht aber natürlich nicht ganz so weit. Sehr schön zeigt sich vor allem die Seespitze nebenan. Im Süden liegt das Sarntal offen vor uns, dazu können wir einen Großteil unseres Abstiegswegs im Sailer Tal überblicken.

Wannser Tal und Seespitze (l.) vom Wannser Joch

Nach Wanns Vom Gipfel steigen wir wieder bis zur Abzweigung hinab. Der direkte Abstieg zum Sailer Joch ist für Wanderer zu anspruchsvoll, denn er wartet mit einigen schmalen Abschnitten und Kletterpassagen auf!
Bei der Abzweigung halten wir uns rechts und folgen dem Weg durch die zunächst noch grasige Flanke. Hinter der nächsten Ecke wird die Flanke aber deutlich steiler, und es sind auch einige Schuttgräben zu queren. Hier ist absolute Trittsicherheit gefragt, der Boden sollte trocken sein! Wir nehmen unterwegs auch zwei ganz einfache und problemlose Felsstufen mit und erreichen rasch das **(Östliche) Sailer Joch**, 2330 m.
Der weitere Abstieg ins Sailer Tal ist auf die Felsen geschrieben: Die Nr. 14A weist uns den Weg. Der Weg ist unterhalb des Jochs gut ausgeprägt; in der grasigen Mulde weiter unten verlieren sich die Spuren, und wir müssen deshalb gut auf die Markierung achten. In einem leichten Rechtsbogen führt der Pfad uns zu einer Abzweigung. Hier nicht links hinüber zur Sailer Alm wandern, sondern rechts haltend weiter hinab. Bei der nächsten Abzweigung halten wir uns dann links und gelangen so in den Talgrund des Sailer Tals. Die Orientierung ist nun wieder einfacher: Wir bleiben immer am markierten Weg, der talwärts führt. Erst bei einer Brücke über den Sailer Bach verlassen wir den Weg nach rechts. Auf der anderen Seite des Bachs bringt uns ein schöner Weg am Waldrand oberhalb der Mähder des Wannser Tals hinüber zum Wannserhof.

20 Kolbenspitze, 2868 m

Die »Königin« der nordöstlichen Texelgruppe

anspruchs-voll 1340 hm 6:15 Std.

Tourencharakter:
Sehr lohnende Tour auf einen der schönsten Aussichtsgipfel Südtirols. Trittsicherheit erforderlich, für den z. T. ausgesetzten Abstieg über die Muthspitze auch Schwindelfreiheit, dazu in jedem Fall eine gute Kondition

Beste Jahreszeit:
Juli bis Oktober

Ausgangs-/Endpunkt:
Parkplatz Kratzegg, ca. 1530 m, oberhalb von Ulfas, Anfahrt von St. Leonhard über Moos, Platt und Ulfas. Bus (Nr. 240) ab St. Leonhard nur bis Ulfas, dann auf Weg Nr. 2 in gut 0:15 Std. zum Ausgangspunkt

Gehzeit:
Kratzegg – Stoanmandl 2:45 Std. – Kolbenspitze 0:45 Std. – Stoanmandl 0:30 Std. – Muthspitze 0:45 Std. – Ulfaser Alm 1 Std. – Kratzegg 0:30 Std.

Karte:
Tabacco Nr. 039 Passeiertal, Kompass Nr. 044 Passeiertal, beide 1:25 000

Markierung:
Rot-weiß, Nr. 2, 3 und 2A

Einkehr:
Ulfaser Alm, 1601 m, Anfang Mai bis Ende Oktober, Tel. +39/0473/64 11 49

Tourismus-Info:
Tourismusverein Passeiertal, I-39015 St. Leonhard im Passeier, Tel. +39/0473/65 61 88, www.passeiertal.it

In der Texelgruppe konzentriert sich fast alles auf populäre Ziele, wie z. B. den Meraner Höhenweg, die Spronser Seenplatte oder die Mutspitze bei Dorf Tirol. Alles lohnende Touren, zweifellos. Ein eher stilles Ziel hingegen ist die Kolbenspitze. Der recht lange Anstieg sorgt dafür, dass es wohl auch in Zukunft dabei bleiben wird.

Im nordöstlichen Teil der Texelgruppe, also östlich der Spronser Seen, gibt es keine Dreitausender mehr, die Gipfel reichen nur noch über die Marke von 2800 m. Das Fehlen von großen und bekannten Gipfeln bringt es freilich mit sich, dass dieses Gebiet eher wenig besucht wird, obwohl hier einige sehr schöne und teilweise recht zackige Gipfel stehen (Erenspitz, Sefiarspitz). In

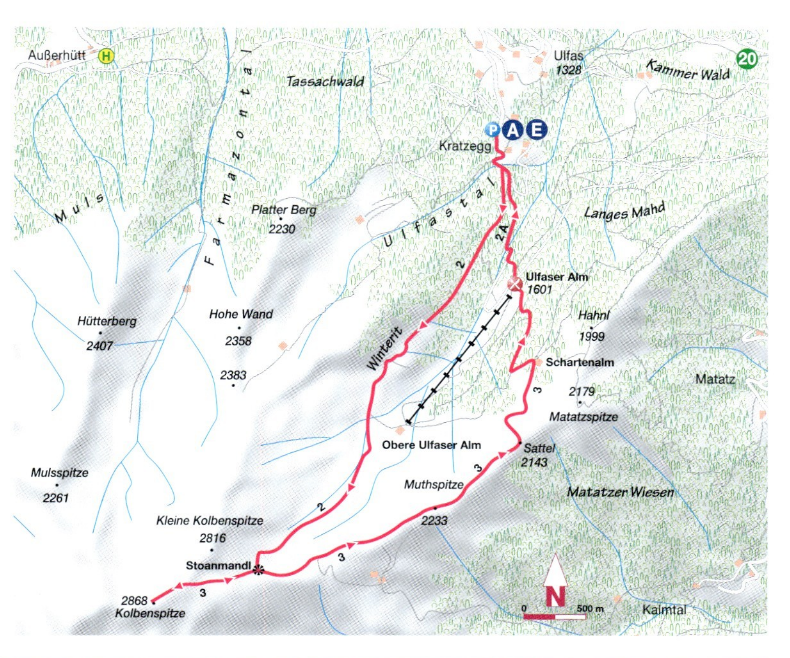

Texelgruppe und Ortlergruppe (l.)

Zillertaler Alpen, Jaufenpass und Matatzspitze (u.)

diesem Gebiet erhebt sich auch die Kolbenspitze. Zwar gibt es mit der Rötenspitze eine um gerade mal sieben Meter höhere Rivalin, aber die wahre Herrscherin in dieser Ecke der Texelgruppe ist die mächtige und weit vorgeschobene Bergkuppe der Kolbenspitze. Wer im Anschluss an die Besteigung noch Lust auf eine streckenweise ausgesetzte Gratwanderung hat, für den ist die Überschreitung der Muthspitze noch eine interessante Zugabe. Wer hingegen ausgesetzte Grate scheut, der steige am Anstiegsweg wieder ab (in diesem Fall 2 Std. ab Gipfel, rot). Man sollte unbedingt einen klaren Tag abwarten, denn die Rundsicht ist wirklich phänomenal. Und nebenbei bemerkt: Früh aufbrechen, denn der gesamte Anstieg ist der (Morgen-)Sonne ausgesetzt! Der Oktober ist sicherlich der ideale Monat für diese Tour.

Zur Kolbenspitze Von **Kratzegg**, ca. 1530 m, folgen wir nur kurz dem breiten Fahrweg zur Ulfaser Alm. Bereits nach zwei Kehren verlassen wir ihn nach rechts und folgen dem Wanderweg geradewegs in den Wald hinein. Dieser steigt zunächst nur mäßig an; erst wenn wir unterhalb einiger Almhütten den Wald wieder verlassen, wird das Gelände ein wenig steiler.
Der Pfad bleibt unterhalb einer steilen Schrofenflanke (Winterit) und bringt uns zu einer Abzweigung auf ca. 1970 m. Hier halten wir uns rechts und steigen nun über eine von großen Blöcken durchsetzte Rasenrippe in Richtung der großen Blockhalde an, die von der Kleinen Kolbenspitze herabzieht. Bis dorthin ist der Pfad allerdings nicht immer ausgeprägt, und wir müssen gut auf die Markierung achten.
Durch ein großes Blockfeld quert der Pfad nach links hinüber zur Kammhöhe, wo ein großer Steinmann wacht, in den Karten als »**Stoanmandl**«, ca. 2620 m, bezeichnet. Die Rundsicht reicht von hier schon weit nach Sü-

den und lässt uns bereits erahnen, was uns auf dem Gipfel erwartet! Vorher müssen wir aber noch einige Höhenmeter zurücklegen. Kurzzeitig am Kamm entlang quert der Pfad dann in das Blockkar zwischen den beiden Kolbenspitzen. Ein etwas steilerer Aufschwung leitet in den **Sattel**, 2787 m, der die Kolbenspitze von ihrer kleineren (aber deutlich anspruchsvolleren!) Schwester trennt. Über den Nordostgrat erreichen wir auf guten Wegspuren das Gipfelkreuz auf der **Kolbenspitze**, 2868 m. Und was für eine Rundsicht – schade für den, der keinen Traumtag erwischt, aber wer einen solchen hat, der wird ihn sicher nie mehr vergessen! Im nördlichen Halbrund zeigen sich die Berge des Alpenhauptkamms von der Hochwilde bis zum Hochfeiler. Im Osten und Südosten stehen die Sarntaler Alpen und dahinter die Dolomiten. Im Südwesten recken sich die Gipfel der Texelgruppe empor, und weit im Süden verblauen hinter dem Mendelkamm die Trentiner Berge. Der geräumige Gipfel bietet viel Platz für eine ausgedehnte Rast. Der Autor hatte einige Mühe, sich vom Panorama zu trennen und sich irgendwann einmal an den langen Abstieg zu machen – schließlich wollte er ja auch noch den langen Grat mitnehmen …

Gratüberschreitung zur Ulfaser Alm Zunächst geht's wieder am Anstiegsweg hinab zum »**Stoanmandl**«. Hier beginnt der lange Gratweg, der die ersten Felsen rechts unterhalb umgeht. Manchmal ist es besser, nicht exakt den Markierungen zu folgen, denn diese nehmen fast immer den direkten Weg, und der ist mitunter sehr ausgesetzt, vor allem im Abschnitt zwischen P. 2378 und der Muthspitze. Oft ist es einfacher und weniger ausgesetzt, wenn man die Gratschneide auf der weniger steilen Nordseite – also links – umgeht. Das geht allerdings nicht immer, und es sei nochmals gesagt, dass Trittsicherheit und Schwindelfreiheit absolute Voraussetzung für diesen Abstieg sind!

Es folgen einige Aufs und Abs, aber der Pfad kann nicht verfehlt werden. Unterwegs passieren wir den nur wenig ausgeprägten Gipfel der **Muthspitze**, 2264 m. Eine Rast hier oben ist nur wenig prickelnd, denn meist waren die Schafe auch schon da, was man sehen und riechen kann …

Nach der Muthspitze verlieren wir dann wieder kräftiger an Höhe und erreichen mit einer kurzen Gegensteigung die letzte Erhebung des heutigen Tages, die den für einen Gipfel seltsamen Namen **Sattel**, 2143 m, trägt. Es folgen noch ein weiterer, teilweise sehr steiler Abstieg und die Querung durch etwas unübersichtliches Gelände zur **Schartenalm**, 1860 m. Kurz vor der Almhütte halten wir uns links und kommen sogleich zu einer weiteren Abzweigung. Hier geht's rechts hinab zur **Ulfaser Alm**, 1601 m. Unterhalb der Alm bummeln wir ein paar Schritte auf dem Matatzer Waalweg, dann geht's links hinab und auf einem Fahrweg nach Kratzegg zurück.

Hinterer Seelenkogel (m.) und Hochwilde (l.), darunter der Sefiarspitz

21 Schwarzkopf, 2805 m

Über den Spronser Seen

mittel

1350 hm

7:00 Std.

Tourencharakter:
Sehr lohnende, aber auch lange Tour auf einen schönen und stillen Aussichtsgipfel. Neben Trittsicherheit ist eine sehr gute Kondition erforderlich – die Tour hat einige Gegensteigungen im Programm. Vor allem im Sommer ist ein sehr früher Aufbruch empfehlenswert!

Beste Jahreszeit:
Juli bis Oktober

Ausgangs-/Endpunkt:
Pfelders, 1628 m, Anfahrt von St. Leonhard über Moos, großer Parkplatz vor dem Ort. Bus (Nr. 240) ab und bis Meran

Zwischenziel:
Spronser Joch, Schiefer See, Schwarzsee

Gehzeit:
Pfelders – Faltschnaljöchl 2:30 Std. – Spronser Joch 0:30 Std. – Schwarzkopf 1:15 Std. – Spronser Joch 0:45 Std. – Faltschnaljöchl 0:15 Std. – Pfelders 1:45 Std.

Karte:
Tabacco Nr. 039 Passeiertal, Kompass Nr. 044 Passeiertal, beide 1:25 000

Markierung:
Rot-weiß, Nr. 6; Gipfelanstieg markiert, aber ohne Nummer

Einkehr:
Faltschnalalm, 1871 m, Mitte Mai bis Mitte Oktober, Tel. +39/340/380 80 19

Tourismus-Info:
INFO Büro Pfelders, I-39013 Moos in Passeier, Tel. +39/0473/64 67 92, www.pfelders.info

Der Schwarzkopf ist nicht unbedingt ein logisches Tourenziel ab Pfelders – er versteckt sich ganz gut hinter den anderen Bergen, und von Süden stehlen ihm die Spronser Seen die Show. Für alle aber, die stille Gipfel suchen, sind das geradezu ideale Voraussetzungen, um einen ruhigen Tourentag zu verbringen.

Im Zentrum der östlichen Texelgruppe sind hohe Gipfel mit markierten Anstiegen rar. Da sollte man doch meinen, dass ein Berg, der genau das bieten kann, ziemlich viele Besucher anzieht. Zum Glück ist dies nicht der Fall. Denn egal, von wo die Bergwanderer anrücken – der Schwarzkopf ist ohne einige Mühen und eine solide Kondition nicht zu haben. Kommt hinzu, dass der Pfad zum Gipfel nicht immer ausgeprägt und deshalb auch Orientierungssinn gefragt ist und dass die Block- und Schuttfelder in der Gipfelregion zumindest ein wenig Übung und Erfahrung verlangen. Und besonders markant ist der Berg nun auch nicht, als dass er Bergsteiger der schärferen Richtung unbedingt zu einer Besteigung herausfordern würde. Wer aber

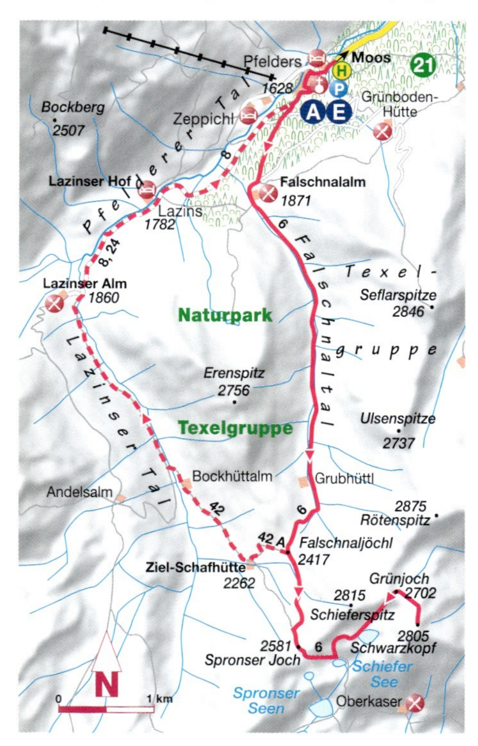

Schwarzsee und Schwarzkopf

oben gewesen ist, wird diesen Tag nie mehr vergessen! In jedem Fall ist ein früher Aufbruch nötig, weil sich an den Gipfeln der Texelgruppe auch bei schönem Wetter schon in den Vormittagsstunden gern dicke Wolken bilden, die sich dann meist erst am späten Nachmittag oder Abend wieder auflösen. Selbst im Oktober muss man damit rechnen – der Autor durfte diese Erfahrung leider auch machen …

Zum Spronser Joch In **Pfelders**, 1628 m, zweigt kurz hinter dem Dorf der markierte Weg Nr. 6 Richtung Spronser Joch links vom Fahrweg ab. Auf einem schönen Waldweg gelangen wir zur **Faltschnalalm**, 1871 m.

Wolkentreiben überm Grünjoch

Der breite Wirtschaftsweg biegt dann ins Faltschnaltal ein und wird sogleich zum Wanderweg. Die Steigung ist zu Beginn sehr moderat, erst zum Joch hinauf wird es steiler. Das Tal ist wirklich lang, und der Pfad zieht sich, bis wir endlich das **Faltschnaljöchl**, 2417 m, erreichen. Das Tal ist aber ein wunderschönes Hochgebirgstal, ein typisches Trogtal, ausgeformt durch die Gletscher. Wir befinden uns hier übrigens in der »Zone der Alten Gneise«, also kristalliner Gesteine, die einen Großteil der Texelgruppe bilden. Wanderten wir bislang nur durch Weidegelände, queren wir durch nun deutlich steinigeres Gelände unter dem Schieferspitz vorbei ins **Spronser Joch**, 2581 m – ein wunderbarer Rast- und Aussichtsplatz, und wer »nur« das Joch als Tagesziel auserkoren hat, der wird ebenso glücklich über seine Tourenwahl sein. Bereits hier überblicken wir einen Teil der Spronser Seenplatte und schauen über den Kamm zwischen Spronser Rötelspitze und Mutspitze hinweg ins Etschtal.

Zum Schwarzkopf Vom Joch steigen wir dann, kurzzeitig z. T. gesichert, hinab zum **Schiefer See**, ca. 2480 m, ein ebenfalls lohnendes Zwischenziel.

Spronser Rötelspitze (r.) und Etschtal

Hier zweigt ein schwach markierter Pfad nach links ab. (Wer tritt- und orientierungssicher (!) ist, kann bereits vorher oberhalb des Sees auf schwachen Spuren den Hang queren.) Der nicht immer gut ausgeprägte Pfad führt uns zunächst in einem Linksbogen, dann in einer längeren Querung nach rechts und zum Schluss fast eben zum **Schwarzsee**, ca. 2600 m. Dieser träumt in einer Mulde vor sich hin, überragt von unserem Gipfelziel, dem Schwarzkopf. Wir umwandern den See links herum, unterhalb der steilen Flanken des Schieferspitz, und halten uns in Richtung der Schutthalde, die vom Grünjoch herabzieht. Auch hier müssen wir wieder gut auf die Markierung achten. Teilweise steil, aber ohne technische Schwierigkeiten erreichen wir durch Schutt und Blockwerk das **Grünjoch**, 2705 m, einen breiten Schuttsattel zwischen Schwarzkopf und Schieferspitz. Im Nordosten grüßt bereits die Kolbenspitze herüber. Die Markierungen holen nun ein wenig nach links aus und leiten uns über Schutt und Blöcke hinauf zum Nordgrat unseres Gipfels. Dieser ist zunächst breit und wird erst zum Gipfel hin ein wenig schmäler. Über gut gestufte Felsen und Platten erreichen wir so das Gipfelkreuz auf dem **Schwarzkopf**, 2805 m, hoch über den Spronser Seen. Der Tiefblick auf die einzelnen Seen, die wie Perlen im Schutt unter uns liegen, ist einmalig und gehört sicher zu den schönsten Eindrücken dieser Tour. Aber auch die Fernsicht ist beachtlich: Im Süden liegt uns alles zu Füßen, kein Gipfel ist dort höher als unser Standpunkt. Im Norden spitzen die höheren Berge der Texelgruppe und des Gurgler Kamms in den blauen Himmel.

Nach Pfelders Der Abstieg erfolgt auf derselben Route.

Rundtour übers Faltschnaljöchl

Wer nicht unbedingt lange Touren gehen mag, aber trotzdem gern allein unterwegs ist, dem bietet die Tour über das Faltschnaljöchl (800 Hm, 4:45 Std. insgesamt, blau) eine schöne Runde, meist ohne allzu viele Wanderer. Dabei wird das Massiv des Erenspitz komplett umrundet: Von Pfelders wie im Text beschrieben auf das Faltschnaljöchl. Nun auf der Westseite mit der Markierung Nr. 42A hinab zur Zielhütte, 2262 m. Von hier mit Markierung Nr. 42 durch das Lazinser Tal zur Lazinser Alm, 1860 m, und weiter nach Pfelders. Ab der Lazinser Alm sind verschiedene Varianten möglich.

Faltschnaljöchl mit Erenspitz und Ötztaler Hauptkamm

22 Sefiarspitz, 2846 m

Spitzer Zacken über Pfelders

anspruchs-voll

1220 hm

5:45 Std.

Tourencharakter:
Sehr lohnende Tour auf einen steilen und zackigen Gipfel mit der vielleicht schönsten Aussicht auf die Bergwelt von Pfelders. Der Anstieg verlangt absolute Trittsicherheit und ein wenig Erfahrung im steilen Blockgelände. Vorsicht bei Schnee zu Beginn der Saison und im Herbst!

Beste Jahreszeit:
Juli bis Ende September (Nordlage!)

Ausgangs-/Endpunkt:
Pfelders, 1628 m, Anfahrt von St. Leonhard über Moos, großer Parkplatz vor dem Ort. Bus (Nr. 240) ab und bis Meran

Gehzeit:
Pfelders – Grünbodenhütte 1:15 Std. – Sefiarspitz 2:15 Std. – Grünbodenhütte 1:30 Std. – Pfelders 0:45 Std.

Karte:
Tabacco Nr. 039 Passeiertal, Kompass Nr. 044 Passeiertal, beide 1:25 000

Markierung:
Rot-weiß, Nr. 5A

Einkehr:
Grünbodenhütte, 2020 m, Mitte Juni bis Anfang Oktober, Tel. +39/333/142 14 20; Faltschnalalm, 1871 m, Mitte Mai bis Mitte Oktober, Tel. +39/340/380 80 19

Tourismus-Info:
INFO Büro Pfelders, I-39013 Moos in Passeier, Tel. +39/0473/64 67 92, www.pfelders.info

Wer den Sefiarspitz von einem seiner Nachbargipfel oder auch vom Faltschnaljöchl betrachtet, der sieht einen sehr spitzigen Gipfel in den blauen Himmel stechen, der nicht so aussieht, als ob er für Wanderer machbar wäre. Ist er auch nur von Norden. Dort ist er zwar nicht mehr ganz so spitz, aber noch immer ganz schön steil.

Der Wahrheit halber sei gesagt: Wir werden auf dieser Tour leider auch mit den negativen Erscheinungen des Wintersports konfrontiert werden. Allerdings in sehr geringem Ausmaß, wenn man das kleine Pfelderer Skigebiet mit anderen »Arenen« vergleicht. Rund um Pfelders ist es übrigens auch das einzige Skigebiet.
Die Bahn ist auch im Sommer in Betrieb. Das bedeutet einerseits, dass sie uns ein paar Höhenmeter abnehmen kann, andererseits werden wir dann kaum allein unterwegs sein. Es sei denn, wir starten im Hochsommer bereits gegen 6 Uhr in Pfelders – dann sind wir schon fast am Gipfel, bis die Seilbahn den Betrieb aufnimmt (9 Uhr). Und wenn man sich nicht unbedingt ein Wochenende in der Hochsaison oder im Herbst aussucht,

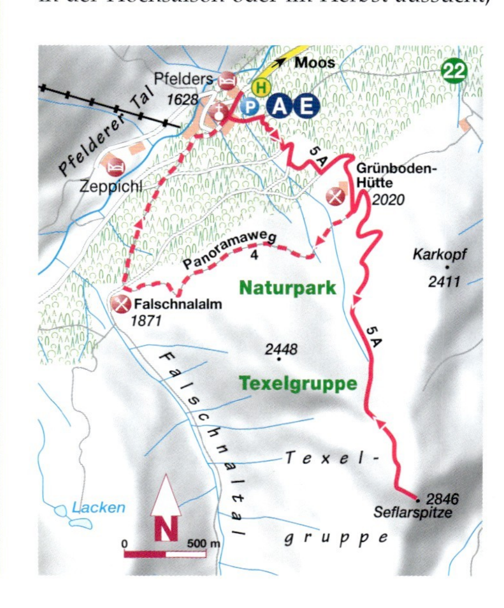

wird man nur auf wenige Gipfelstürmer treffen. Der Großteil der Wanderer spaziert von der Bergstation Grünboden viel lieber auf dem Panoramaweg zur Faltschnalalm und weiter zum Lazinser Hof. Denn dort lässt sich jeweils gut einkehren – ohne große Mühen, versteht sich. Trotz Seilbahn gilt also: Überlaufen ist der Sefiarspitz sicher nicht. Die Gipfelfläche bietet übrigens auch nicht ganz so viel Platz für allzu viele Wanderer.
Lohnend ist der Gipfel in jedem Fall: Er bietet einen wunderschönen Überblick über die Pfelderer Bergwelt und über (fast) die gesamte Texelgruppe. Die Ausgesetztheit auf der steilen Spitze ist enorm, und man hat dabei das Gefühl, auf einem viel höheren Berg zu stehen. Der Sefiarspitz ist einer der Lieblingsberge des Autors, zumindest in Südtirol. Und wer den Berg von Süden, also etwa vom Faltschnaljöchl, gesehen hat, der will da unbedingt hinauf. Und es gibt auch eine Möglichkeit, um den Gipfel mit großer Wahrscheinlichkeit in aller Stille zu erleben: Nämlich ihn erst dann auf den Tourenplan zu setzen, wenn die Bahn den Betrieb eingestellt hat. Dies ist in der Regel Ende September der Fall. Auch der Autor ist Anfang Oktober hinaufgestiegen – dafür musste er allerdings erhöhte Schwierigkeiten durch (Neu-) Schnee und vereiste Felsblöcke in Kauf nehmen. Für Unerfahrene ist dies sicher nicht empfehlenswert, denn gerade der Anstieg zur Schulter und der

Am Sefiarspitz

Lodner (l.), Hohe Weiße (m.) und Hochwilde (r.)

Gipfelaufbau sind recht steil und können bei Schnee und Eis für Ungeübte gefährlich werden! Dann doch lieber das Gipfelerlebnis mit ein paar anderen Wanderern teilen, dafür aber bei sicheren Verhältnissen aufsteigen. Im Oktober ist es außerdem so, dass Neuschnee in dieser Höhe – zumal auf der Nordseite – nicht mehr verschwindet, sondern erst im nächsten Sommer wieder abtaut. Wer aber über die nötige Erfahrung für solche Verhältnisse verfügt und dazu als Sicherheitsreserve noch ein paar Leichtsteigeisen mitführt, der wird einen unvergesslichen Tourentag erleben – und das ziemlich sicher ganz allein!

Zum Sefiarspitz Von **Pfelders**, 1629 m, folgen wir dem markierten Steig Nr. 5A. Er führt durch Wald, meist parallel zur Seilbahn, und wir kreuzen dabei dreimal den Fahrweg zur Bergstation. Schon bald erreichen wir die **Grünbodenhütte**, 2020 m. Der Fahrweg dient übrigens nicht nur der Bewirtschaftung der Grünbodenhütte, sondern auch zur Beförderung des Materials für die umfangreichen Lawinenverbauungen am Karkopf, oberhalb des Skigebiets.

Wir wandern zunächst noch auf dem Fahrweg weiter. Dieser ist erst auf einer Höhe von etwa 2180 m oberhalb einer gigantischen Lawinenschutzmauer zu Ende. Nun nimmt uns ein »echter« Wanderweg auf, der sofort stärker ansteigt. In vielen Kehren steigen wir in Richtung des Grats empor, der das Kar rechts begrenzt. Der Augenblick, wenn wir die Grathöhe erreichen und in die Sonne treten, ist wie immer ein besonderer. Vor uns sehen wir nun wie-

der unseren Gipfel, und über wieder flacheres Gelände wandern wir genau darauf zu. Die Rasenflächen werden dann weniger, Felsblöcke bestimmen mehr und mehr das Bild. Die Passage bis zum Gipfelaufbau ist recht gemütlich, erst am Gipfel selbst wird es wieder steiler. Der Pfad ist aber bestens angelegt und wenn die Verhältnisse gut sind, sollte es keine Probleme geben. Zuletzt drücken wir uns noch um eine Felsstufe herum und erreichen den Gipfel des **Sefiarspitz**, 2846 m, mit seinem Gipfelkreuz. Vorsicht, der Berg fällt nach Süden und Osten unmittelbar vor uns sehr steil ab! Auf der ausgesetzten und nicht allzu breiten Gipfelhochfläche wähnt man sich viel höher, als man tatsächlich ist. Die Rundsicht vom freien Gipfel ist auch dementsprechend – ein schönerer Rundblick über die Pfelderer Bergwelt ist kaum denkbar: Alle Gipfel der Texelgruppe, dazu der Ötztaler Hauptkamm und viele andere Berge ragen vor uns auf. Man komme und sehe selbst!

Hinterer Seelenkogel (l.) überm Pfelderer Tal

Blockhalde unterm Gipfel mit Stubaier (l.) und Zillertaler Alpen

Nach Pfelders Der Abstieg erfolgt auf derselben Route. Wer möchte, kann von der Grünbodenhütte auf dem Panoramaweg noch zur Faltschnalalm wandern und von dort – wie bei Tour 21 beschrieben – nach Pfelders absteigen (zusätzlicher Zeitbedarf ca. 1 Std.).

23 Hochwart, 2452 m

leicht 1060 hm 5:30 Std.

Tourencharakter:
Einfache und sehr schöne Bergwanderung, die auch dann lohnend ist, wenn man nur bis zum Obisellsee wandert. Allein sein wird man dann allerdings nur außerhalb der Bewirtschaftungszeiten der Obisellalm.

Beste Jahreszeit:
Juni bis Oktober

Ausgangs-/Endpunkt:
Oberöberst, 1392 m, Anfahrt von Riffian über Vernuer auf schmaler und steiler Bergstraße, Parkplatz, Bushaltestelle. Bus (Nr. 224) ab und bis Dorf Tirol über Riffian, nur im Sommer bis Anfang Oktober, später nur bis Vernuer

Zwischenziel:
Obisellalm und Obisellsee

Gehzeit:
Oberöberst – Obisellsee 2:30 Std. – Hochwart 0:45 Std. – Obisellsee 0:30 Std. – Oberöberst 1:45 Std.

Karte:
Tabacco Nr. 011 Meran, Kompass Nr. 044 Passeiertal, beide 1:25 000

Markierung:
Rot-weiß, Nr. 5; ab Obisellalm nur Wegspuren ohne Markierung, ab und zu Steinmänner

Einkehr:
Obere Obisellalm, 2160 m, am Obisellsee, Infos über Bewirtschaftungszeiten beim Tourismusverein Passeiertal, Tel. +39/0473/65 61 88

Tourismus-Info:
Tourismusverein Passeiertal, I-39015 St. Leonhard im Passeier, Tel. +39/0473/65 61 88, www.passeiertal.it

Stille Alternative zur Mutspitze

Berge mit dem Namen »Hochwart« gibt es viele in Südtirol, und dieser Name verspricht eine schöne Rundsicht. Die Hochwart über Riffian und Kuens gehört auch zum Stadtbild von Meran. Trotzdem ist der Berg eine Oase der Ruhe, woran bisher auch die nahe Obisellalm nichts geändert hat. Hoffentlich bleibt dies noch lange so.

Nichts gegen die weitum bekannte und aussichtsreiche Mutspitze oberhalb von Dorf Tirol, die der Autor auch schon mehrfach besucht hat. Aber selbst bei schlechtem (!) Wetter lockt der Berg noch Scharen von Bergwanderern an. Ganz anders dagegen die Hochwart: Von Meran aus gesehen nur eine Kette weiter hinten, kein Seilbahnzubringer und kein markierter Steig – schon haben wir einen stillen Gipfel, der nur wenig besucht wird. Und die Einheimischen bleiben meist bei Kaffee und Apfelstrudel auf der Obisellalm hängen. Der Autor hat sich übrigens lange überlegt, ob es richtig ist, diese Tour anzupreisen …

Zur Obisellalm Von **Oberöberst**, 1392 m, ein paar Meter auf der Straße entlang, bis nach links der Fahrweg Richtung Obisellalm abzweigt. Diesem folgen wir, bis er im oberen Saltauser Tal endet und zum Wanderweg wird. Dieser quert in die offene und steile Flanke hinein und führt dann steil die

grasigen Hänge empor. In vielen Kehren und mit einigen Querungen erreichen wir die Hütten der **Unteren Obisellalm**, 2002 m. Ab hier gibt es zwei Möglichkeiten: Schneller geht's rechts haltend in einem Bogen durch schrofiges Gelände auf die nächste Stufe hinauf zu einer weiteren Wegverzweigung. Wir halten uns dort erneut rechts und wandern weiter auf einem schön angelegten Weg (teils über Steinstufen), der uns in die wunderschöne Mulde der Oberen Obisellalm führt. Hier breitet sich ein kleines Hochmoor aus, und der Bach darf noch mäandrieren, wie er möchte. Bald darauf erreichen wir die **Obere Obisellalm**, 2160 m, beim **Obisellsee**.

Zur Hochwart Wir überqueren den Abfluss des Sees und wandern links an ihm vorbei. Die folgende Felsstufe umgeht der meist gut sichtbare Pfad rechts. Nach einigen Kehren erreichen wir eine weitere Hochfläche, die von unserem Gipfel überragt wird. Der Pfad hält mehr oder weniger auf den Sattel rechts davon zu, den wir am Schluss auf einem guten Steig über einen etwas steileren Hang erreichen. Über einen aussichtsreichen Gratrücken geht's dann hinauf zur **Hochwart**, 2452 m, mit ihrem schönen und großen Gipfelkreuz. Die Rundsicht ist fast genauso schön wie von der populären Mutspitze, nur viel ruhiger.

Obisellsee und Spitzhorn

Nach Oberöberst Der Abstieg erfolgt auf derselben Route.

Abstieg von der Hochwart

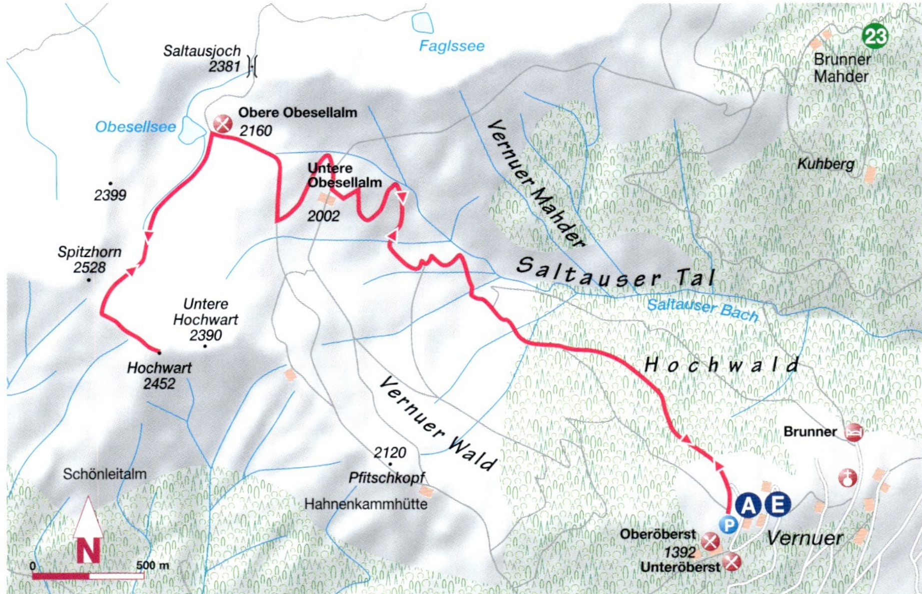

24 Atzboden, 2494 m

leicht 980 hm 5:00 Std.

Tourencharakter:
Sehr schöne und kulturhistorisch interessante Bergwanderung auf einen zwar wenig markanten, aber sehr aussichtsreichen Gipfel. Zwischen Gfallhof und der Waalerhütte ist an einigen Stellen Trittsicherheit erforderlich, der Pfad führt hier durch z. T. steiles Gelände. Der Anstieg von der Waalerhütte zur Gipfelkuppe verlangt Orientierungssinn, ist aber sonst sehr einfach. Die Tour verlangt eine solide Kondition!

Beste Jahreszeit:
Juni bis Oktober

Ausgangs-/Endpunkt:
Unser Frau, 1517 m, im Schnalstal, Anfahrt von Naturns, Parkplatz im Dorf, Bushaltestelle beim Hotel Schwarzer Adler. Bus (Nr. 261) ab und bis Naturns

Zwischenziel:
Waalerhütte

Gehzeit:
Unser Frau – Gfallhof 1 Std. – Waalerhütte 1:30 Std. – Atzboden 0:30 Std. – Waalerhütte 0:15 Std. – Gfallhof 1 Std. – Unser Frau 0:45 Std.

Karte:
Tabacco Nr. 04 Schnalstal-Naturns, Kompass Nr. 051 Naturns-Latsch-Schnalstal, beide 1:25 000

Markierung:
Rot-weiß, Nr. 27 und 27B, Gipfelanstieg ganz vereinzelte verblasste Markierungen

Einkehr:
Keine Möglichkeit

Tourismus-Info:
Tourismusverein Schnalstal, Karthaus 42, I-39020 Schnals, Tel. +39/0473/67 91 48, www.schnalstal.com

Zum alten Jochwaal

Wer kennt schon den Atzboden? Einen Gipfel besteigen, der nicht einmal aussieht wie ein Gipfel und der keine 2500 m hoch ist? Aber hier ist nicht nur der Gipfel das Ziel, sondern auch der alte, mittlerweile größtenteils verfallene Klammwaal. Der Atzboden ist da fast nur noch eine Zugabe – aber eine sehr lohnende!

Im Schnalstal gibt es viele höhere Gipfel, und einige davon sind sogar markiert. Der Atzboden ist einer der niedrigsten Gipfelpunkte im Tal und eigentlich fast nur eine Schulter der wesentlich höheren und auch häufiger bestiegenen Schröfwand. Er bietet aber einen einmaligen Überblick über das Schnalstal und mit dem mittlerweile verfallenen Klammwaal eine kulturhistorische Sehenswürdigkeit ersten Ranges.

Der Klammwaal hat seinen Ausgangspunkt hoch oben über dem Graftal, wo das Wasser vom Grafferner unter dem Similaun gefasst wird. Vom Gipfel des Atzbodens ist der Verlauf sehr schön zu erkennen, und wer möchte, kann dem Verlauf des Waals von der Waalerhütte ein Stück weit folgen. Das

Wasser können wir mittlerweile nicht mehr sehen, aber wir können es hören, wie es durch die Rohre gepumpt wird. Leider ist deshalb der Klammwaal fast komplett verfallen, nur an wenigen Stellen unseres Anstiegs ist er noch deutlich erkennbar. So bleibt die verlassene Waalerhütte der letzte Zeuge dieser einzigartigen Leistung. Im Vinschgau gibt es noch weitere Jochwaale, so die bekannten Goldrainer und Tarscher Jochwaale oder auch der Tellawaal (s. Tour 31).

Bild links: Gipfelsteinmann am Atzboden mit Schröfwand und Similaun (r.)

Herbst im Schnalstal

Waalerhütte am Atzboden

Die breite Gipfelhochfläche am Atzboden bietet Platz für sehr viele Wanderer. Aber das wäre gar nicht nötig, denn wir werden auf diesem Gipfel nur sehr selten anderen Wanderern begegnen. Vom Atzboden ist auch ein Abstieg zum Vorderkaser im Pfossental möglich. Da dort jedoch kein Busanschluss besteht, muss man entweder größtenteils an der Straße entlang ins Schnalstal absteigen, das man dann knapp unterhalb vom Tumlhof erreicht, oder aber am Meraner Höhenweg nach St. Katharinaberg wandern (Atzboden – Vorderkaser 800 Hm im Abstieg, 1:30 Std., blau; Vorderkaser – Schnalstal 530 Hm im Abstieg, 1 Std., blau; Vorderkaser – St. Katharinaberg 450 Hm im Abstieg, kleinere Gegensteigungen, 2 Std., blau).

Zum Atzboden Direkt beim Hotel Schwarzer Adler (Bushaltestelle) in **Unser Frau**, 1517 m, beginnt der Anstieg. Die Zeitangabe hier von 3:50 Std. ist doch sehr hoch angesetzt, und sie bezieht den Umweg vom Gfallhof über den Gurschlhof mit ein. Der Pfad führt rechts an den Häusern vorbei, quert einen Bachtobel und erreicht dann durch lichten Wald einen Fahrweg, der links von Vernagt heraufkommt. Wir folgen dem Fahrweg und erreichen so den **Gfallhof**, 1840 m. Bereits hier bietet sich ein schöner Rundblick über das Schnalstal und auf seine Bergwelt.

Der Weg wendet sich nun nach links und steigt wieder deutlich steiler im Lärchenwald an, bis der Steig zur (häufiger begangenen) Schröfwand links abzweigt. Wir folgen nun dem Verlauf des ehemaligen Klammwaals, den wir in diesem Abschnitt immer wieder gut erkennen können. Nach einer kurzen steileren Passage mündet von rechts der Anstieg vom Gurschlhof ein. Nach einem weiteren Steilstück folgt nochmals eine kurze Querung, bis es schließlich über einen letzten Hang steil hinauf in den breiten Sattel mit der **Waalerhütte**, 2377 m geht. Zum Atzboden folgen wir nun zunächst dem Pfad Richtung Vorderkaser. Wir können diesen dann an beliebiger Stelle verlassen und pfadlos je nach Lust und Laune zum Gipfel ansteigen. Dabei bietet es sich an, die Mulden mit den Blöcken zu meiden und eher über einen der Rücken mit Rasenpolstern anzusteigen. So oder so erreichen wir den **Atzboden**, 2494 m, mit Steinmann und einer langen Trockenmauer, die sich quer über die breite Gipfelhochfläche zieht. Die Aussicht gewährt uns einen schönen Überblick über die Bergwelt rund um das Schnalstal. Dominierend steht über uns der gewaltige Ötztaler Hauptkamm, vom Similaun über die Hinterer Schwärze bis zur Hochwilde. Im Südosten zeigt sich der steile Absturz der Texelgruppe. Im Westen und Südwesten ragen die einsamen Gipfel im Saldurkamm und in der Mastaungruppe empor, und über dem Niederjöchl zwischen Zerminiger und Vermoispitze zeigt sich sogar die Zufallspitze. Wer noch den Tiefblick ins Schnalstal genießen möchte, der muss zum südlichen Rand der Hochfläche hinüber bummeln.

Nach Unser Frau Der Abstieg erfolgt auf derselben Route.

Schröfwand (r.) und Saldurgruppe

25 Kortscher Schafberg, 3115 m

Prototyp der »vergessenen Pfade«

mittel

1210 hm

7:15 Std.

Tourencharakter:
Sehr lohnende Tour auf einen einsamen Dreitausender. Der Weg zwischen Tascheljöchl und Unterem Hungerschartensee ist stellenweise ausgesetzt und verlangt absolute Trittsicherheit. Orientierungssinn ist beim Gipfelanstieg in jedem Fall hilfreich.

Beste Jahreszeit:
Juli bis Anfang Oktober

Ausgangs-/Endpunkt:
Köflhöfe, 1951 m, im Schnalstal, Anfahrt von Naturns, nur wenige Parkmöglichkeiten am Straßenrand, Bushaltestelle. Bus (Nr. 261) ab und bis Naturns

Zwischenziel:
Tascheljöchl, Hungerschartenseen

Gehzeit:
Köflhöfe – Tascheljöchl 2:30 Std. – Oberer Hungerschartensee 0:30 Std. – Kortscher Schafberg 1 Std. – Oberer Hungerschartensee 0:30 Std. – Tascheljöchl 0:45 Std. – Köflhöfe 2 Std.

Karte:
Tabacco Nr. 04 Schnalstal–Naturns, Kompass Nr. 051 Naturns–Latsch–Schnalstal, beide 1:25 000

Markierung:
Rot-weiß, Nr. 5 und 4; ab Tascheljöchl ohne Markierung, Gipfelanstieg mit Steinmännern markiert

Einkehr:
Keine Möglichkeit

Tourismus-Info:
Tourismusverein Schnalstal, Karthaus 42, I-39020 Schnals, Tel. +39/0473/67 91 48, www.schnalstal.com

Der ehemalige Alpenvereinssteig zum Kortscher Schafberg ist fast der Prototyp eines »vergessenen Pfades«. Im Tascheljöchl stand einst die Heilbronner Hütte des Alpenvereins – im Jahr 1932 brannte sie bis auf die Grundmauern nieder und wurde nicht wieder aufgebaut. Seitdem ist das Gebiet ein wenig in Vergessenheit geraten.

In einem kargen Verschlag kann man auch heute noch am Tascheljöchl übernachten – allerdings längst nicht so komfortabel wie in einer Hütte, sondern eher wie in einem Biwak. Der Steig übers Tascheljöchl wird häufiger begangen, und immer wieder mal steigen Einheimische, die mit dem Auto ins Schlandrauntal fahren dürfen, zum Gipfel hinauf. Diese Tour war übrigens die erste Idee, die der Autor für dieses Buch hatte. Sie beginnt bei der Bushaltestelle »Köflhöfe« – so kann man sich den wenig erfreulichen Anblick des Hotelbunkers in Kurzras ersparen. Allerdings gibt es hier nur wenige Parkmöglichkeiten. Eine weitere Alternative ist ein Parkplatz rechts neben

Am Unteren Hungerschartensee

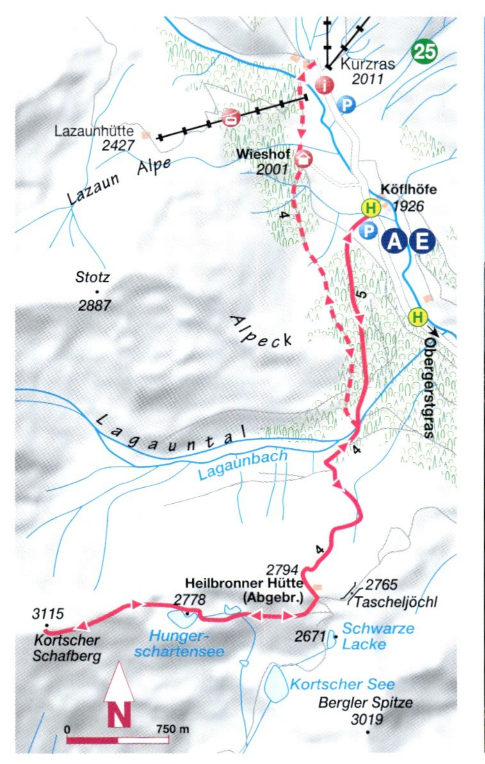

Kortscher See und Ortlergruppe vom Tascheljöchl

der Straße zwischen Gerstgras und Köflhöfe; man rechne dann noch insgesamt mit zusätzlich ca. 0:30 Std. Gehzeit entlang der Straße.

Zum Tascheljöchl Nahe der **Köflhöfe**, 1951 m, zweigt an der Straße der markierte Weg ab. Kurz geht's über eine Lichtung, dann wandern wir durch einen schönen Lärchenwald in meist angenehmer Steigung dahin und erreichen bald schon die Brücke über den Bach im **Lagauntal**, 2170 m. Hier mündet von rechts der alternative Anstieg ab Kurzras ein (s. Variante). Der Steig führt dann in ein Hochkar und windet sich in vielen Kehren hinauf ins **Tascheljöchl**, 2774 m, mit der Ruine der ehemaligen Heilbronner Hütte.

Zum Kortscher Schafberg Knapp unterhalb der Hütte führt der nun unmarkierte Steig nach rechts hinaus, umgeht ein Eck, quert leicht ausgesetzt eine steile Flanke und bringt uns zum **Unteren Hungerschartensee**, 2734 m. Über einen kurzen Steilhang geht's dann hinauf zum **Oberen Hungerschartensee**, 2778 m. Die Pfadspuren führen rechts am See vorbei auf den breiten und wenig steilen Ostrücken des Schafbergs. Der alte, teilweise verfallene Steig ist meist noch (oder wieder) gut erkennbar, bei guter Sicht sollte es keine Orientierungsprobleme geben. Die Gipfelhochmulde wird von mehreren Gipfelpunkten umrahmt: auf der Nordostseite das kleine Kreuz mit 3099 m Höhe; ganz hinten, am westlichen Ende, befindet sich der höchste Punkt des **Kortscher Schafbergs**, 3115 m, den nur ein paar Steinmänner zieren. Die Rundsicht von der großen Gipfelhochfläche ist sehr herb, der Ötztaler Hauptkamm zeigt sich von dieser Seite mittlerweile fast unvergletschert. Anders dagegen die Ortlergruppe im Süden, die uns mit Cevedale und

Laaser Ferner ihre vergletscherte Seite präsentiert. Im Westen zeigen sich die Bündner Alpen mit Bernina und Kesch.

Zu den Köflhöfen Der Abstieg erfolgt auf derselben Route.

Variante Die Brücke im Lagauntal kann auch ab Kurzras auf Weg Nr. 4 erreicht werden. Dabei wird der Wieshof, 2001 m, passiert. Bei zwar weniger Höhenunterschied aber längerer Wegstrecke ist der Zeitbedarf etwa gleich anzusetzen wie für den Anstieg ab Köflhöfe.

Noch ein leichter Dreitausender Einfacher als der Kortscher Schafberg, gut 150 m höher und eine alpinere Umgebung – all das kann der Gipfel **Im Hinteren Eis**, 3269 m, bieten. Er ist zwar nicht ganz so wenig besucht, aber alles andere als überlaufen, und nur wenige Wanderer zieht es dorthin. Der in den Karten eingezeichnete Skilift bis unter den Gipfel existiert übrigens auch nicht mehr. Wer morgens früh aufbricht, dem wird auch am Weg zum Hochjoch kaum jemand begegnen, denn die meisten »Wanderer« fahren mit der Bahn zur Grawand, steigen von dort zum Hochjoch hinab und sind also kaum vor 10 Uhr am Joch. Um diese Zeit können fitte Wanderer schon am Gipfel sein. Wer nicht zwischen Mitte Juli und Ende August kommt, hat also gute Chancen zumindest die eine oder andere Stunde allein oben zu sein. Und wer Lust auf völlige Einsamkeit hat, der steigt vom Gipfel kurz nördlich am zunächst

Oberer Hungerschartensee und Kortscher Schafberg

etwas schärferen, aber leichten Grat ab. Dahinter wird das Gelände gleich wieder flacher, und man kann beliebig über die steinigen Hochflächen bummeln oder weiter zu den Ausläufern der Rofenköpfe wandern. Ein großes Schneefeld auf der Hochfläche ist der letzte Rest des ehemaligen Latschferners. Von diesem Schneefeld können trittsichere und erfahrene Bergwanderer über mäßig steile Blockhalden direkt zum Anstiegsweg absteigen. Diesen erreicht man in etwa bei dem in den Wanderkarten eingezeichneten kleinen Minisee. Der Anstieg erfolgt von Kurzras auf den markierten Saumpfad Nr. 3. Vom Skigebiet bekommt man hier weniger mit, als es die Wanderkarten erahnen lassen. Nur einmal muss kurz eine Lifttrasse gequert werden. Der Steig erreicht in einem Bogen durch felsiges Gelände die Schöne-Aussicht-Hütte, 2842 m. Das Hochjoch liegt noch etwas oberhalb und wird beim Anstieg nicht berührt. Links von der Hütte beginnt der Pfad zum Gipfel. Meist führt er durch flaches Gelände; erst ganz zum Schluss geht's über einen etwas steileren Hang zum Grat hinauf, von wo man zum ersten Mal auf den noch immer mächtigen Hintereisferner erblickt. Rechts haltend wandert man über den breiten Kamm zum Gipfel mit dem etwas seltsamen Namen Im Hinteren Eis. Der Abstieg erfolgt auf derselben Route oder – wie in der Einleitung angedeutet – als kleine Höhenwanderung über die einzigartige Hochfläche. Dabei sind allerdings ein wenig Bergerfahrung, Orientierungssinn und für den Abstieg zur Hütte natürlich auch Trittsicherheit gefragt (1260 Hm, insgesamt 6:30 Std. ab Kurzras, blau–rot).

Vernagt-Stausee, Similaun (m.) und Texelgruppe (r.)

26 Vermoispitze, 2929 m

Zwischen Vinschgau und Schnalstal

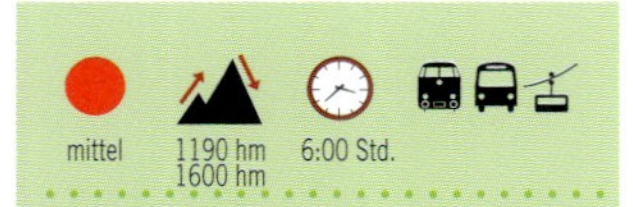

Tourencharakter:
Sehr abwechslungsreiche Überschreitung eines lohnenden Gipfels. Beim steilen Gipfelanstieg ist absolute Trittsicherheit erforderlich und beim Abstieg bis zur Penauderalm ein wenig Orientierungssinn gefragt. Eine gute Kondition braucht es in jedem Fall.

Beste Jahreszeit:
Juli bis Oktober

Ausgangspunkt:
St. Martin im Kofel, 1740 m, Bergstation der Seilbahn von Latsch, Parkplatz bei der Talstation, zu Fuß vom Bhf. Latsch 5–10 Min. Zug (Nr. 250) nach Latsch ab und bis Mals und Naturns/Meran

Endpunkt:
Karthaus, 1327 m, im Schnalstal. Bus (Nr. 261) ab Karthaus nach Naturns und Bhf. Staben

Gehzeit:
St. Martin – Vermoispitze 3 Std. – Penauderalm 1:15 Std. – Karthaus 1:45 Std.

Karte:
Tabacco Nr. 04 Schnalstal–Naturns, Kompass Nr. 051 Naturns–Latsch–Schnalstal, beide 1:25 000

Markierung:
Rot-weiß, Nr. 9 und 20

Einkehr:
Penauderalm, 2319 m, Anfang Juni bis Ende September, Tel. +39/340/412 53 75

Tourismus-Info:
Ferienparadies Tourismusverein Latsch–Martell, Hauptstr. 38a, I-39021 Latsch, Tel. +39/0473/62 31 09, www.latsch-martell.it

Die Vermoispitze zählt nun sicher nicht zu den stillsten Gipfeln über dem Vinschgau – im Gegenteil, wird sie doch recht häufig bestiegen. Was also sucht ausgerechnet dieser Berg in diesem Buch? Ganz einfach: Wer den Berg ins Schnalstal überschreitet, kommt in den Genuss von sehr wenig begangenen Pfaden.

Die ausgezeichnete Möglichkeit, den Gipfel zu überschreiten und mit öffentlichen Verkehrsmitteln wieder zum Ausgangspunkt zu gelangen, ist ein weiterer Grund, warum ausgerechnet dieser Berg in das Buch mit aufgenommen wurde. Denn davon gibt es in Südtirol nicht ganz so viele wie in der benachbarten Schweiz, wo man fast überall abwechslungsreiche und interessante Gipfelüberschreitungen durchführen kann.

Zur Vermoispitze Von der Bergstation **St. Martin im Kofel**, 1740 m, folgen wir der Markierung Nr. 9. Auf einem Fahrweg gelangen wir mit einer Kehre zu einer namenlosen **Alm**, 1941 m. Hier zweigen wir links ab und kurz darauf im Wald rechts. Schon bald erreichen wir über freies Gelände einen breiten Rücken, über den wir in Kehren aufsteigen, bis der Steig schließlich in die sehr steile Südflanke unseres Gipfels quert. In Kehren geht's hinauf zum großen Gipfelkreuz auf der **Vermoispitze**, 2929 m. Die Rundsicht dürfte zu den schönsten in ganz Südtirol zählen: von den Gipfeln der Ötztaler Alpen im Norden bis zur Ortlergruppe im Süden. Im Südosten spitzen die Dolomiten hervor, und tief unten breitet sich der Vinschgau aus. Um die Rundsicht wirklich genießen zu können, ist ein früher Start ein Muss – Nebel und Wolken sind bisweilen sehr schnell …

Wolkenstimmung an der Trumser Spitze

Nach Karthaus Während fast alle Wanderer wieder vom Gipfel nach St. Martin absteigen, führt unser Abstieg in die entgegengesetzte Richtung. Dazu folgen wir auf den ersten Höhenmetern zunächst der Markierung Nr. 8, die jedoch hinab nach Trumsberg führt. Schon nach dem ersten Hang sehen wir links einen Stein mit der Aufschrift »Penaudalm«. Hier beginnt der nicht immer gut erkennbare, aber meist gut markierte Pfad. Allerdings ist er erst kurz oberhalb der Penauderalm mit der Nr. 20 versehen!

Auf der Vermoispitze

Wir steigen zunächst durch ein nur wenig steiles Blockfeld hinab. Schon bald werden die Steine weniger, und Alpweiden gewinnen die Oberhand. Nur kurz an einer Stelle zwischen den Blöcken ist Trittsicherheit erforderlich. Wir wandern nun durch eine zwar nur wenig spektakuläre, aber unberührte Landschaft hinab zum breiten Weg, der uns zur **Penauderalm**, 2319 m, bringt. Ab der Alm ist der Abstiegsweg gegeben: Der breite Fahrweg bringt uns problemlos hinab nach **Karthaus**, 1327 m. So schön das Tal vor allem im oberen Abschnitt ist – es zieht sich ganz schön in die Länge!

27 Kalvenwand, 3061 m

Leichter Dreitausender im Martelltal

leicht 1010 hm 5:00 Std.

Tourencharakter:
Einfache und aussichtsreiche Tour auf einen leichten Dreitausender. Auch für Neulinge in diesen Höhen, die Trittsicherheit und eine solide Kondition mitbringen, bestens geeignet. Die ebenfalls einfache Pederköpfl-Überschreitung verlangt Trittsicherheit und ein wenig Orientierungssinn.

Beste Jahreszeit:
Juli bis Mitte Oktober

Ausgangs-/Endpunkt:
Enzianhütte, 2051 m, im Martelltal, Anfahrt von Latsch auf guter Bergstraße, gebührenpflichtiger Parkplatz. Bus (Nr. 262) ab Schlanders über Goldrain und Martell Dorf (umsteigen), nur bis Ende September!

Zwischenziel:
Pederköpfl

Gehzeit:
Enzianhütte – Abzweigung (ca. 2490 m) 1:30 Std. – Kalvenwand 1:30 Std. – Pederköpfl 1 Std. – Enzianhütte 1 Std.

Karte:
Tabacco Nr. 045 Latsch–Martell–Schlanders (beste Karte!), Kompass Nr. 069 Schlanders, beide 1:25 000

Markierung:
Rot-weiß, Nr. 39; Überschreitung Pederköpfl ohne Steig und ohne Markierung, nur Wegspuren

Einkehr:
Alpengasthof Enzian, Hintermartell 200, I-39020 Martelltal, Tel. +39/0473/74 47 55, www.gasthof-enzian.it

Tourismus-Info:
Tourismusverein Latsch-Martell, Hauptstr. 38a, I-39021 Latsch, Tel. +39/0473/62 31 09, www.latsch-martell.it

Es gibt sicher Berge, die weitaus selbstständiger sind als die Kalvenwand. Das schmälert die Tour und die prächtige Aussicht vom Gipfel aber in keiner Weise. Gerade für Einsteiger ins Hochgebirge hat dieser Berg viel zu bieten und ist mehr als nur eine Empfehlung, sich in diesen Höhen zu versuchen.

Auf den Karten existieren verschiedene Namen für diesen Berg: Neben dem aktuellen Kalvenwand wurde er früher meist als »Kalfanwand« bezeichnet. Der Gipfel ist mehr oder weniger nur ein Gratausläufer der Äußeren Pederspitze. Auch diese ist für erfahrene Alpinwanderer ein sehr lohnendes Ziel, allerdings meist ohne Steige und Pfade.

Zur Kalvenwand Von der **Enzianhütte**, 2051 m, ein paar Meter der Straße nach, bis nach links ein Fahrweg mit der Nr. 39 abzweigt. Diesem folgen wir, die Enzianalm rechter Hand, bis der Pfad zur Kalvenwand erneut links abzweigt. Deutlich steiler geht's nun durch den Wald hinauf zur **Peder-Stieralm**, 2252 m.

Rechts an der Hütte vorbei steigen wir über Alpweiden mit wechselnder Steilheit zu einer **Abzweigung**, ca. 2490 m, empor (in der Kompass-Karte sind die Höhe und die Lage des Perderköpfls falsch eingetragen). Hier halten wir uns links und queren den Hang unter dem Pederköpfl bis zu einer weiteren **Wegverzweigung**, ca. 2550 m, mit einer Aussichtstafel. Der Steig führt von hier rechts haltend direkt in das Kar hinein, das von den beiden Graten der Kalvenwand eingerahmt wird. Im Kar quert er dann nach links auf den Südkamm unseres Gipfels hinaus. Über den meist breiten Grat erreichen wir den Gipfel der **Kalvenwand**, 3061 m, der von einem großen Steinmann geziert wird. Hier oben genießen wir einen schönen Überblick über das Martelltal und seine Bergwelt. Es zeigen sich die Firndome Palon della Mare und Cevedale, die Königspitze und im Südhalbrund der lange Zufrittkamm. Nördlich erheben sich wild und mächtig die Pederspitzen. Und tief unter uns erkennen wir den Zufrittsee.

Unterwegs zur Kalvenwand mit Zufrittspitze (r.) und Hasenöhrl (m.)

Zur Enzianhütte Abstieg auf derselben Route oder über das Pederköpfl.

Überschreitung Pederköpfl Knapp oberhalb bei der im Anstieg erwähnten Wegverzeigung auf ca. 2550 m quert eine nur schwach sichtbare Pfadspur hinüber zum **Pederköpfl**, 2585 m. Die Spur ist nicht immer gut ausgeprägt, aber bei guter Sicht ist der Übergang problemlos. Zuletzt steigen wir zum »Gipfelsteinmann« ein wenig ab. Der kleine, bescheidene Gipfel ist auch als selbstständiges Ziel lohnend. Von hier geht's deutlich steiler in Kehren hinab zur unteren Wegverzweigung auf ca. 2490 m. Auf bekanntem Weg wandern wir zur Enzianhütte hinunter.

Cevedale (l.), Königspitze (m.) und Ortler (r.)

28 Upikopf, 3175 m

Einsamer Dreitausender im Matscher Tal

mittel

1350 hm

7:00 Std.

Tourencharakter:
Vor allem konditionell anspruchsvolle Tour auf einen sehr einsamen Gipfel. Beim Gipfelaufstieg ist Trittsicherheit nötig. Außerdem braucht es unbedingt einen Blick für die nächste Markierung, denn der Steig ist oberhalb des Upisees nicht immer gut erkennbar.

Beste Jahreszeit:
Juli bis Mitte Oktober

Ausgangs-/Endpunkt:
Glieshof, 1824 m, im Matscher Tal, Anfahrt auf z. T. schmaler Straße von Mals über Matsch, Parkplatz. Bus (Nr. 278) ab Mals nur bis Matsch; im Sommer (Mitte Juni bis Ende Sept.) gibt es um 9 Uhr ab Matsch ein Wandertaxi zum Glieshof, Infos unter www.ferienregion-obervinschgau.it.

Zwischenziel:
Upisee

Gehzeit:
Glieshof – Upisee 2:15 Std. – Upikopf 2 Std. – Upisee 1:15 Std. – Glieshof 1:30 Std.

Karte:
Tabacco Nr. 044 Vinschgau–Sesvenna, Kompass Nr. 041 Obervinschgau und Nr. 051 Naturns–Latsch–Schnalstal, alle 1:25 000

Markierung:
Rot-weiß, Nr. 9; Gipfelanstieg ab Upisee ohne Nummer

Einkehr:
Almhotel Glieshof, 1824 m, Mitte Mai bis Mitte Oktober, I-39024 Mals, Tel. +39/0473/84 26 22, www.glieshof.it

Tourismus-Info:
Ferienregion Obervinschgau, St.-Benedikt-Str. 1, I-39024 Mals, Tel. +39/0473/83 11 90, www.ferienregion-obervinschgau.it

Upi, Upia und sogar der gute Opi sind auf Karten zu finden – meist wird der Upikopf auf Wanderkarten als »Upiakopf« bezeichnet. Einheimische, mit denen sich der Autor unterhalten hat, sprechen jedoch immer vom Upikopf. So ungewöhnlich der Name, so lohnend ist die Tour zu diesem abgelegenen und einsamen Gipfel.

Umzingelt von einigen wilden Gesellen und dazu ein wenig niedriger als diese, ist der Upikopf ein wunderschöner Dreitausender für erfahrene Alpinwanderer, die einsame und ruhige Ziele zu schätzen wissen. Seine Höhe übertrifft immerhin so bedeutende Gipfel wie den Hohen Riffler im Verwall oder die Wilde Kreuzspitze. Und für alle, die nicht unbedingt auf einem Gipfel stehen müssen, ist bereits der einsame Upisee ein einfaches und sehr lohnendes Ziel (730 Hm, 3:45 Std., blau).

Zum Upisee Vom **Glieshof**, 1824 m, wandern wir auf einem Fahrweg mit Nr. 9, der zu Beginn teilweise steil um ein Eck herum ins Upital hineinführt. Mit nun mäßiger Steigung geht's weiter zur **Upialm**, 2225 m. Hier ist der Fahrweg zu Ende, und ein schöner Wanderweg führt uns auf eine steile Schrofenstufe zu, die das Tal abzuriegeln scheint. Wir umgehen die Stufe auf ihrer linken Seite und wandern über einen Rücken hinauf zum **Upisee**, 2552 m, der in einer stillen Mulde vor sich hin träumt. Allein dieser einsame See ist eine Wanderung wert!

Zum Upikopf Links oberhalb des Sees führen die Markierungen zunächst über einen grasigen Rücken und weiter in das Hochtal zwischen Upikopf

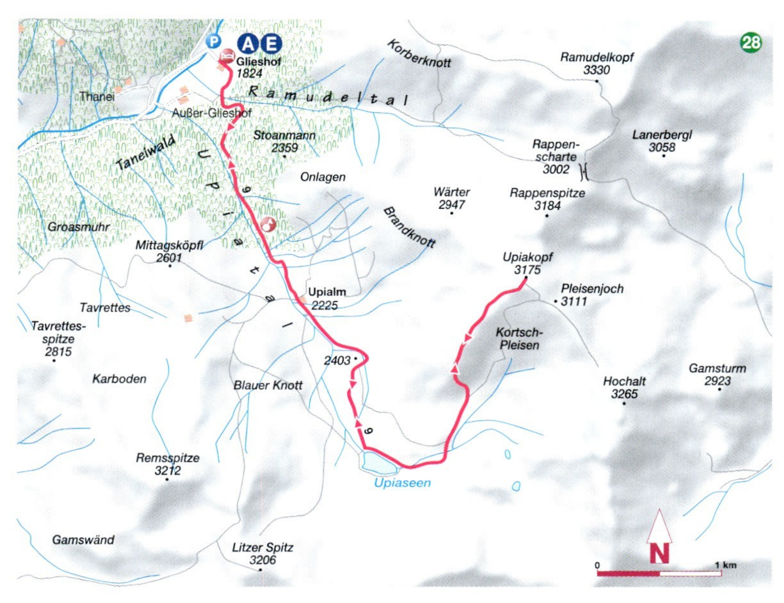

und Hochalt hinein. Auf einer flacheren Stufe hält sich der Pfad dann mehr links und steigt in Richtung des Südwestgrats unseres Gipfels an. In vielen Kehren steigen wir über einen teilweise sehr steilen und schrofigen Hang hinauf zur Grathöhe. Ab hier wechseln flachere mit steileren Passagen, der Grat ist aber immer sehr breit, und die Wegspuren sind gut erkennbar. Zum Schluss müssen wir noch durch ein Blockfeld auf den Gipfelrücken steigen, der uns schließlich zum Kreuz auf dem **Upikopf**, 3175 m, bringt. Die Rundsicht ist richtig herb und eigenartig, so wie man es auf vielen Gipfeln dieser Art erleben kann. Zwar sind alle Gipfel um uns herum zumindest ein bisschen höher als unser Standpunkt, aber nur im Norden wird die Rundsicht durch den nahen Ramudelkopf ein wenig eingeschränkt. Links davon schaut die Weißkugel hervor. Im Westen zeigen sich viele Schweizer Berge, und im Süden stehen die Firngipfel der Ortlergruppe.

Zum Glieshof Der Abstieg erfolgt auf derselben Route.

Bild links: Bündner Alpen vom Upikopf

Anstieg zum Upikopf mit Remsspitz und Sesvennagruppe

29 Stoanmandl, 2482 m

Kleiner Gipfel am Rand der Ötztaler Alpen

mittel | 900 hm | 5:00 Std.

Tourencharakter:
Abwechslungsreiche Tour, die vor allem beim Abstieg vom Stoanmandl absolute Trittsicherheit und Schwindelfreiheit voraussetzt. Bei Regen und Schnee ist von der Tour abzuraten, dann wird es am grasigen und steilen Südwestgrat sehr gefährlich! Bei schlechter Sicht ist der Gipfelanstieg ab der Planeiler Alm kaum zu finden! Nur für orientierungssichere Bergwanderer.

Beste Jahreszeit:
Juni bis Oktober

Ausgangs-/Endpunkt:
Planeil, 1590 m, Straße von Mals, Parkplatz. Bus (Nr. 278) ab und bis Mals, nicht täglich!

Zwischenziel:
Planeiler Alm, Salisatis

Gehzeit:
Planeil – Planeiler Alm 2 Std. – Stoanmandl 1 Std. – Salisatis 1 Std. – Planeil 1 Std.

Karte:
Tabacco Nr. 043 Vinschgauer Oberland, Kompass Nr. 041 Obervinschgau, beide 1:25 000

Markierung:
Rot-weiß, Nr. 10, 6A und 10A; in der Gipfelregion entweder komplett unmarkiert oder zumindest ohne Wegnummer

Einkehr:
Planeiler Alm, 2203 m, Mitte Juni bis Mitte September, Tel. +39/0473/84 09 99 (Erwin Pazeller)

Tourismus-Info:
Ferienregion Obervinschgau, St.-Benedikt-Str. 1, I-39024 Mals, Tel. +39/0473/83 11 90, www.ferienregion-obervinschgau.it

Nicht alle Bergwanderer wissen, dass die Berge zwischen Matsch, Planeil und Langtaufers noch zu den Ötztaler Alpen zählen. Hier findet man keine populären (Wander-)Gipfel und abgesehen von der Weißkugel auch keine bekannten Namen. Dafür aber Ruhe und Stille. Meist trifft man auf Einheimische, die dies zu schätzen wissen.

Selbst die markierten Anstiege auf die Gipfel werden nur wenig begangen, es gibt darüber auch nur wenig bis gar nichts in Führern zu lesen. Dies wird auch in den beiden verwendeten Kartenwerken deutlich: In keiner der beiden Karten, weder Tabacco noch Kompass, sind die Wege, Steige und Pfade alle korrekt eingetragen. Hier ist also ein guter Orientierungssinn unabdingbar!

Zur Planeiler Alm In **Planeil**, 1590 m, zweigt gegenüber von der Kirche der Weg Nr. 10 ab und führt steil durchs Dorf hinauf. Oberhalb folgen wir dem

Fahrweg noch kurz, bis der Weg Richtung Planeiler Alm nach rechts abzweigt. Schon bald verlassen wir den breiten Ziehweg nach links und folgen dem Pfad, der in den schönen Lärchenwald hineinführt. Auf ca. 1950 m queren wir hinaus auf die freien und aussichtsreichen Weideflächen von Pranon. Leicht fallend queren wir einen Tobel und erreichen nach einem kurzen Anstieg die **Planeiler Alm**, 2203 m.

Unterwegs zum Stoanmandl

Zum Stoanmandl Von der Alm folgen wir der Almstraße, die zum Kofelboden hinaufführt, bis zur nächsten Kehre. Dort verlassen wir sie nach links und folgen den sporadisch vorhandenen Markierungen. Auf einem Stein rechts über uns erkennen wir hier die Aufschrift »Steinmandl«, sehen aber keine vernünftigen Spuren. Wir folgen besser dem gut sichtbaren Pfad, der die Südflanke unseres Gipfels durchzieht, und queren dabei denselben Tobel, den wir bereits weiter unten im Anstieg zur Planeiler Alm gequert haben. Dahinter befinden wir uns am breiten Südkamm des Stoanmandl. Hier verlassen wir nun den kleinen Pfad und wenden uns nach rechts, um über diesen Kamm aufzusteigen. Das grasige Gelände ist meist einfach begehbar, steilere Stellen lassen sich immer einfach umgehen. Manchmal kann man auch Schafpfade für den Aufstieg benutzen. Am einfachsten halten wir uns immer auf der Kammhöhe und gelangen so problemlos zum höchsten Punkt und in kurzem Abstieg zum Gipfelkreuz am **Stoanmandl**, 2482 m. Die Rundsicht über den oberen Vinschgau

Großhorn (l.), Habicherkopf (m.) und Mittereck (r.) vom Stoanmandl

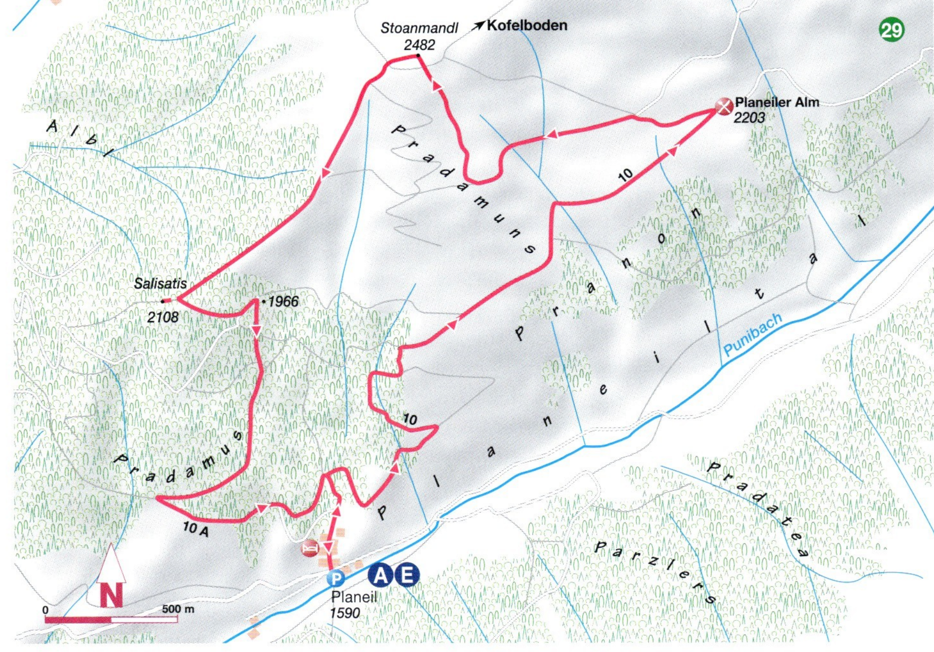

Habicherkopf (l.), Mittereck (m.) und Kofelboden (r.)

ist wunderschön. Sehr beeindruckend ist der Tiefblick auf Plawenn und die Malser Haide, den größten Murkegel der Alpen, mit dem Haidersee. Aus der Ferne grüßen Bernina und Muttler und natürlich der im Vinschgauer Oberland allgegenwärtige Ortler.

Nach Planeil Links vom Weidezaun führt der nur sparsam und nicht immer gut erkennbare Pfad zunächst ein Stück weit in die Gipfelflanke hinein. Er quert dann wieder hinüber zum Südwestgrat, dem wir nun folgen.
Der Grat ist im oberen Bereich nicht besonders ausgeprägt; und unterwegs durchqueren wir ein Blockfeld. Im mittleren Abschnitt wird der Grat dann deutlich ausgeprägter und schmäler, aber auch hier gibt es keine anspruchsvollen Stellen. Diese erwarten uns dann im letzten Abschnitt: Die letzte Stufe und die anschließende Querung sind ausgesetzt und verlangen absolute Trittsicherheit, bevor wir dann im namenlosen **Sattel**, ca. 2060 m, zwischen Stoanmandl und Salisatis stehen. Hier zeigt die Markierung scharf nach links und führt dann steil hinunter zu einer Forststraße. Diese überqueren wir und steigen erneut recht steil hinab, bis wir auf die nächste Forststraße treffen. Auf dieser wandern wir hinab nach Planeil.

Abstecher zum Salisatis Vom namenlosen Sattel lässt sich noch die runde Kuppe des Salisatis besuchen. Dazu den Weidezaun an der geeigneten Stelle überqueren und immer der bewaldeten Kammhöhe folgend auf die breite Kuppe des **Salisatis**, 2108 m, die ringsum von Bäumen umstanden ist. Die Aussicht ist deshalb beschränkt, aber die hoch gelegene Waldlichtung ist ein sehr schöner und ruhiger Platz zum Träumen … Der Salisatis lässt sich übrigens auch als Einzelziel auf Weg Nr. 10A ab Planeil erwandern.

Spitzige Lun Dieser weitaus mehr von Matsch besuchte Gipfel ist einer der schönsten Aussichtsberge über dem Vinschgau. Hier ist es zwar längst nicht so ruhig wie auf den vorgestellten Nachbarn Stoanmandl oder Großhorn. Da aber die meisten Wanderer eben von Matsch aufsteigen, kann man den Aufstieg von Planeil fast schon als »vergessenen Pfad« bezeichnen, denn hier ist man meist allein unterwegs. Zugegeben: Der Anstieg ab Matsch ist schöner und aussichtsreicher, aber vor allem im oberen Abschnitt ist auch der Weg ab Planeil sehr lohnend. Von Planeil zunächst kurz auf dem Fahrweg ins Planeiltal, bis ein anderer Fahrweg rechts abzweigt (Weg Nr. 12A). Diesem folgen, bis auf ca. 1850 m der Wanderweg links abzweigt. Er quert die Flanke zwischen Spitziger Lun und Hochjoch und führt meist durch Wald empor. Erst etwa 30 Min. unterhalb des Gipfels bleibt der Wald zurück. Über Alpweiden geht's zur breiten Gipfelfläche der **Spitzigen Lun**, 2324 m, mit ihrem großen Gipfelkreuz. Die Rundsicht ist wunderschön, fast der gesamte Obervinschgau liegt zu Füßen. Highlight ist der Blick Richtung Reschen mit den beiden Seen … (740 Hm, 3:30 Std. insgesamt, blau)

Herbst im Planeiltal mit Portlesspitz

30 Großhorn, 2630 m

Über dem größten Murkegel der Alpen

mittel

930 hm

5:00 Std.

Tourencharakter:
Sehr aussichtsreiche Bergwanderung, die Trittsicherheit verlangt. Wer die Variante über die Plawennscharte begeht, muss über eine perfekte Trittsicherheit und über alpine Erfahrung verfügen!

Beste Jahreszeit:
Juli bis Oktober

Ausgangs-/Endpunkt:
Plawenn, 1725 m, Straße von Mals, nur ganz wenige Parkmöglichkeiten am Dorfanfang auf der rechten Seite. Keine Busverbindung

Gehzeit:
Plawenn – P. 2208 m 2 Std. – Großhorn 1 Std. – P. 2208 m 0:45 Std. – Plawenn 1:15 Std.

Karte:
Tabacco Nr. 043 Vinschgauer Oberland, Kompass Nr. 041 Obervinschgau, beide 1:25 000

Markierung:
Rot-weiß, Nr. 5, 19B und 6

Einkehr:
Keine Möglichkeit

Tourismus-Info:
Ferienregion Obervinschgau, St.-Benedikt-Str. 1, I-39024 Mals, Tel. +39/0473/83 11 90, www.ferienregion-obervinschgau.it

Das Plawenntal ist der Ursprung der Malser Haide, des größten Murkegels der Alpen. Vom Anstieg zum Großhorn lassen sich die Malser Haide und das Vinschgauer Oberland wunderbar überblicken. Eine Tour, die bei Regen und Schnee nicht zu empfehlen ist, schon gar nicht auf der sehr anspruchsvollen Variante über die Plawennscharte!

Zum Großhorn Von **Plawenn**, 1725 m, folgen wir zunächst dem Fahrweg, der nur schwach ansteigend ins gleichnamige Tal führt. Noch ein gutes Stück unterhalb der Plawenn Alm zweigt bei **P. 1909 m** nach links der Steig Nr. 19B ab. Deutlich steiler als bisher geht es nun durch den Lärchenwald hinauf zur Lichtung des Ochsenbodens. Hier und auch im Rasenhang darüber ist der Pfad nicht immer gut ausgeprägt, und wir müssen deshalb gut auf die Markierungen achten.

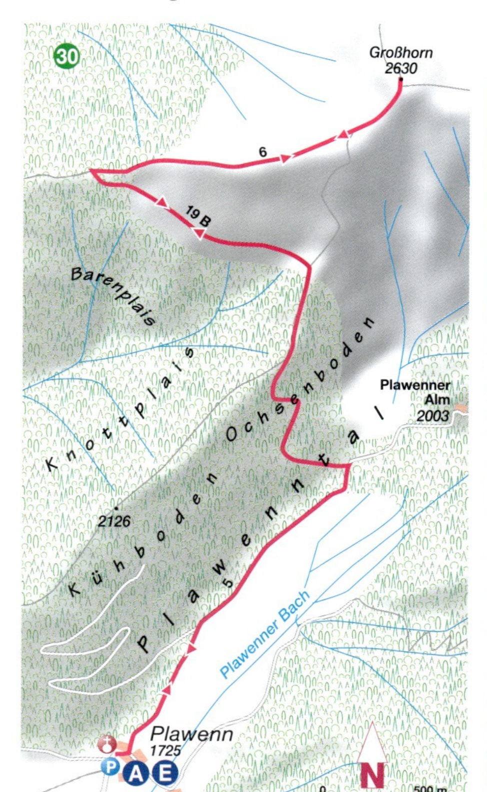

Oberhalb nimmt die Steilheit wieder zu, und wir überque-

ren dabei auch einen Weidezaun ohne Gatter. Der Wald bleibt nun zurück, und wir wandern hier bereits auf dem Südwestgrat des Großhorns. Wir kommen so zu einem weiteren Weidezaun, ca. 2230 m, der sich wesentlich bequemer überqueren lässt.
Der Pfad quert dann in die steile, z.T. bewaldete Südwestflanke unseres Gipfels hinein. Wir verlieren nun wieder ein paar Höhenmeter, bis wir den Westgrat bei **P. 2208 m** und damit den Anstieg von St. Valentin erreichen. Ohne Orientierungsprobleme steigen wir nun am breiten Gratrücken auf. Dabei wechseln steilere und flachere Passagen sich ab. Auf dem letzten Absatz, auf ca. 2500 m, stehen wir dann unserem Gipfel direkt gegenüber, der von hier aus mit einer steilen und wilden Schrofenflanke beeindruckt. Weiter geht's am Grat steil hinauf zu einem Vorgipfel und kurz hinüber zum Gipfelkreuz auf dem **Großhorn**, 2630 m. Die Rundsicht über das Vinschgauer Oberland und seine Bergwelt wird nur im Osten von den breiten Gipfeln des Mitterecks und des Habicherkopfs eingeschränkt. Dafür zeigen gerade diese beiden ebenso stillen und wenig begangenen Gipfel sehr eindrucksvoll den herben Charakter dieser Landschaft. Unter uns liegt der Reschensee, überragt von Elferspitze und Piz Lad, darüber der Muttler. Im Süden, über den Dörfern des Vinschgaus, thront der Ortler mit seinen Trabanten. Und im Westen zeigen sich hinter den Bergen der Sesvennagruppe in der Ferne sogar die Eisgipfel der Bernina (Piz Palü, Bellavista). Sehr schön ist auch der Blick auf den sich nördlich unter uns erhebenden kleinen Kalkgipfel Pleisköpfl.

Nach Plawenn Der Abstieg erfolgt auf derselben Route.

Variante über die Plawennscharte

Das Großhorn lässt sich auch überschreiten: Vom Gipfel in östlicher Richtung den Markierungen (Nr. 6 und 5A in den Karten) folgend in die Plawennscharte, 2548 m. Hier auf manchmal kaum sichtbaren Wegspuren in vielen Kehren durch die sehr steile Grasflanke hinab zum Fahrweg, der über die Plawennalm und weiter nach Plawenn führt. Nur für erfahrene Alpinwanderer, ein »Pfad« durch die steile Flanke ist oft nicht vorhanden! Perfekte Trittsicherheit und Orientierungssinn nötig (930 Hm im Abstieg, 2 Std., schwarz).

Am Großhorn mit Elferspitze (l.), Fluchthorn (m.) und Muttler (r.)

31 Tellakopf, 2525 m

Sonnige Gipfeltour im Münstertal

leicht 1280 hm 6:00 Std.

Tourencharakter:
Technisch eine der leichtesten Touren in diesem Führer, die jedoch eine gute Kondition verlangt. Es sind kürzere Varianten möglich. Der Abstieg verlangt Trittsicherheit und ist bei Regen und Schnee nicht zu empfehlen.

Beste Jahreszeit:
Juni bis Oktober, im Hochsommer aber eher zu heiß!

Ausgangs-/Endpunkt:
Taufers, 1250 m, einziger Südtiroler Ort im Münstertal, Parkplatz von Mals kommend gleich am Ortsanfang links. Bus (Nr. 272, Schweizer Postauto) ab und bis Mals

Zwischenziel:
Ruine Rotund, Tellaalm

Gehzeit:
Taufers – Egghof 1:30 Std. – Tellaalm 1 Std. – Tellakopf 1:15 Std. – Tellaalm 0:45 Std. – Taufers 1:30 Std.

Karte:
Tabacco Nr. 044 Vinschgau–Sesvenna, Kompass Nr. 041 Obervinschgau, beide 1:25 000

Markierung:
Rot-weiß, Nr. 6, 2D, 2B und 7

Einkehr:
Keine Möglichkeit

Tourismus-Info:
Tourismusverein Taufers im Münstertal, St.-Johann-Straße, I-39020 Taufers im Münstertal, Tel. +39/0473/83 30 46, www.taufers.org

Tellawaal und Tellakopf

Das Münstertal, romanisch Val Müstair, gehört nur im untersten Talabschnitt zu Südtirol; der größte Teil des Tals liegt auf Schweizer Boden. Im touristischen Schatten des Vinschgaus ist Taufers fast schon eine eigene kleine Welt für sich – keine Skigebiete und kein Massentourismus, dafür viele lohnende Wanderwege.

Sicher ist: Ohne die Höfestraße wäre der Tellakopf wohl ein ganz einsamer Berg – so aber ist er nun sicherlich kein ganz vergessener Gipfel. Da die Höfestraße bis zum Egghof befahrbar ist, erhält der Berg mehr Besuch als viele der in diesem Buch beschriebenen Gipfel. Aber eben – deshalb wandern (fast) alle auf dem üblichen Anstiegsweg hin und wieder zurück. Und so wird man auf den alternativen schönen Wegen im Wald fast immer allein sein, denn nur wer von ganz unten kommt, kann auch wieder nach ganz unten zurück. Und selbst die paar Höhenmeter auf der Höfestraße lassen

sich verschmerzen, denn die Wanderer erhalten hier einen schönen Einblick in die Welt der Bergbauern. Schönste Jahreszeit für diese Tour ist sicherlich der Herbst, wenn die zahlreichen Lärchen in allen Farben leuchten. Im Hochsommer hingegen wird es auf den sonnigen Hängen mitunter sehr heiß!

Zum Egghof In **Taufers**, 1250 m, folgen wir zunächst der Höfestraße Richtung Tella (Nr. 6). Nach zwei Kehren erreichen wir den **Baustadlhof**, 1370 m, den untersten Hof in der sonnigen Südflanke des Tellakopfs. Hier zweigt der Wanderweg von der Höfestraße rechts ab, steigt zunächst durch eine Bachmulde empor, überquert den Bach nach rechts und führt weiter zur **Ruine Rotund**, 1509 m. In aussichtsreicher Lage thront die Ruine über dem Münstertal und kann auf eigene Verantwortung besichtigt werden. Am Schlosshof Rotund vorbei steigt der Weg dann am Waldrand an und kreuzt kurz die Höfestraße. Wir folgen der Straße nur ganz kurz nach rechts, bis unser Weg wieder links abzweigt. Gut aufpassen, denn die Abzweigung ist leicht zu übersehen! Durch den Wald gelangen wir nun rasch hinauf zum Parkplatz vor dem **Egghof**, 1723 m.

Herbst im Münstertal mit Umbrailgruppe (l.) und Piz Terza (r.)

Tellaalm

Zum Tellakopf Vom Egghof folgen wir nun dem breiten Wirtschaftsweg, der uns zunächst sehr aussichtsreich, später durch den lichten Lärchenwald in Kehren bequem zur **Tellaalm**, 2098 m, hinaufführt. Bereits eine Wanderung bis hierher ist sehr lohnend, und wir genießen eine schöne Aussicht in den Vinschgau und hinüber zum Ortler.
Der Weg führt uns dann durch eine wunderschöne, parkähnliche Landschaft bis zu einem großen Stein (Altarstein). Hier links vorbei (Markierung links am Stein!) – nicht rechts dem scheinbar besseren Weg (Viehweg) folgen. Ausholend erreichen wir über sanfte Weidehänge das **Tellajoch**, 2358 m, mit einem Brunnen. Hier beginnt auch der Tellawaal. Wir wandern nun über den breiten und aussichtsreichen Rücken auf den **Tellakopf**, 2525 m, der mit einem großen Gipfelkreuz und einem Steinmann geschmückt ist. Die Rundsicht wird nur westlich vom höheren Duo Guardaskopf/Arundakopf ein wenig eingeschränkt. Im Osten zeigen sich viele unbekannte und einsame Gipfel der Ötztaler Alpen rund um Planeil und Matsch, die von der vergletscherten Weißkugel überragt werden. Im Süden stehen die Berge der Ortlergruppe, mit ihrem »König«, dem Ortler, fast in der Mitte. Darunter erhebt sich der Piz Chavalatsch, ein ebenfalls prächtiger Aussichtsgipfel. Im Südwesten runden die Schweizer Berge der Umbrailgruppe und der Piz Terza rechts des Münstertals das Bild ab.

Nach Taufers Vom Gipfel zunächst wieder via **Tellajoch** hinab zur **Tellaalm**. Wenige Minuten unterhalb der Alm zweigt der Pfad mit der Nr. 2D

Richtung Böden und Taufers rechts ab. Deutlich steiler als auf dem Almweg geht's nun in vielen Kehren hinab. Der Pfad ist aber sehr gut ausgeprägt und für Trittsichere einfach zu begehen.
Bei der nächsten Abzweigung, bis zu der wir schon einiges an Höhenmetern verloren haben, halten wir uns links. (Die rechte Variante führt über Böden nach Taufers.) Der Pfad steigt nun wieder leicht an und führt uns auf einen Rücken mit einer weiteren Abzweigung mit Ruhebänken. Geradeaus steigen wir dann zunächst sehr steil über den bewaldeten Rücken hinab. Weiter unten wendet sich der Pfad dann scharf rechts, macht eine Kehre und führt uns hinab bis zur Höfestraße, die wir bei P. 1409 m, knapp oberhalb von St. Martin, erreichen. An der Kirche St. Martin vorbei wandern wir hinab nach Taufers.

Tellawaal Eine Besonderheit der Tour ist der Tellawaal, einer der Vinschger Jochwaale: Er gehört zu den höchstgelegenen Waalen in Südtirol. Der Waal ist mittlerweile zwar teilweise verfallen, und das Wasser fließt heute durch Rohre und Schläuche. Trotzdem lohnt sich vom Tellajoch ein Abstecher zu diesem kulturhistorisch sehr interessanten Bauwerk. Der den Waal begleitende Pfad ist zwar nicht markiert, aber meist noch gut erkennbar, und das Gelände ist ungefährlich. Vom Tellakopf ist der Verlauf des Waals wunderbar zu erkennen: Vom Tellajoch quert er um den östlichsten Ausläufer des Guardaskopfs herum und läuft in nordwestlicher Richtung in die große Alpmulde unterhalb des Arundakopfs hinein bis zur Wasserfassung auf ca. 2400 m. In der Tabacco-Karte ist der Verlauf des Waals eingezeichnet (ab Tellajoch je nachdem, wie weit man dem Waal folgt, maximal ca. 1 Std. insgesamt, 50 Hm, blau).

Wetterkreuz am Tellakopf

32 Vernungkopf, 2870 m

anspruchsvoll | 1250 hm | 6:45 Std.

Tourencharakter:
Sehr lohnende und oft einsame Tour für Individualisten. Sehr gute Trittsicherheit und Orientierungssinn erforderlich, dazu eine gute Kondition wegen einiger Gegensteigungen. Nur bei sicherem Wetter gehen, auf der Grathöhe gibt es keine Möglichkeit für einen Tourabbruch!

Beste Jahreszeit:
Juli bis Oktober

Ausgangs-/Endpunkt:
Schlinig, 1738 m, Dorf im gleichnamigen Seitental des Vinschgaus, Parkplatz von Burgeis kommend gleich am Ortsanfang links. Bus (Nr. 278) ab und bis Mals/Burgeis, Fahrten nur Di, Do, Sa!

Gehzeit:
Schlinig – Mäuerl 2 Std. – Vernungkopf 1:30 Std. – Sesvennahütte 2 Std. – Schlinig 1:15 Std.

Karte:
Tabacco Nr. 043 Vinschgauer Oberland, Kompass Nr. 041 Obervinschgau, beide 1:25 000

Markierung:
Rot-weiß, Nr. 1A, 8A, 8, 7 und 1; Gipfelüberschreitung ohne Nummer

Einkehr:
Sesvennahütte, 2258 m, Mitte Juni bis Ende Oktober, Tel. +39/0473/83 02 34, Mobil +39/347/211 54 76, www.sesvenna.it; Alp Planbell Schliniger Alm, 1868 m, Mitte Mai bis Ende Oktober, Tel. +39/0473/83 01 52 (nur abends!)

Tourismus-Info:
Ferienregion Obervinschgau, St.-Benedikt-Str. 1, I-39024 Mals, Tel. +39/0473/83 11 90, www.ferienregion-obervinschgau.it

Einsame Gipfelüberschreitung

Manche Touren sind zwar ein wenig mühsam, führen sie doch immer wieder durch neue Mulden und Hochkare. Aber vielleicht sind es gerade auch diese überraschenden Momente, welche Touren dieser Art so abwechslungsreich gestalten, wenn man nach einer steilen Stufe wieder unerwartet fast so etwas wie eine neue Welt betritt …

In alten Karten wurde der Grat zwischen Vernungspitze und Vernungkopf auch als »Vernungspitzen« bezeichnet. Zwar sind diese Erhebungen nicht alle richtig spitz, aber es sind doch einige Punkte, die man überschreiten muss. Zum Gipfelkreuz der Vernungspitze, das nicht am höchsten Punkt, sondern auf einem markanten, nach Osten vorgeschobenen Spitz steht, führt übrigens kein markierter Pfad. Der Übergang verlangt neben Trittsicherheit und Schwindelfreiheit auch Kletterfertigkeit. Der Autor hatte das Glück, an einem Traumtag Ende Oktober ganz allein unterwegs zu sein, ohne jemandem zu begegnen. Nur selten hat er ein größeres Gefühl von Freiheit verspürt …

Piz Sesvenna (l.) und Piz Rims (r.)

Zum Mäuerl In **Schlinig**, 1738 m, zweigt bei der Kirche der markierte Steig Nr. 1A Richtung Sesvennahütte ab. Achtung: Der erste Steig Richtung Sesvennahütte mit der Nr. 8A führt zur Plantapatschhütte am Watles! Das wäre zwar auch möglich, aber mit einem mindestens einstündigen Umweg verbunden …

Oberhalb von Schlinig wandern wir auf einem breiten Weg über Alpweiden, immer mit freiem Blick auf das Tal und seine Bergwelt. Darüber führt der Steig in einen wunderschönen Lärchenwald hinein und in Kehren auf die sonnige Hochfläche der Höferalp, auf der auch die erste **Schäferhütte**, ca. 2130 m, liegt. Oberhalb der Schäferhütte treffen wir auf den Höhenweg von der Plantapatschhütte. Diesem folgen wir, uns links haltend, in aussichtsreicher Wanderung bis zur zweiten **Schafhütte**, 2336 m. Hier zweigt der Weg Richtung Mäuerl und Zerzertal rechts ab. Über Alpweiden gelangen wir rasch hinüber zum **Mäuerl**, 2338 m, einem Sattel, der auf den Karten mit »Auf dem Mäuerle« bezeichnet wird.

Zum Vernungkopf Vom Sattel folgen wir dem Weg ins Zerzertal noch ein kurzes Stück, bis nach links die markierten Pfadspuren zum Vernungkopf abzweigen. Sie führen über das offene Weidegelände des Vernungbodens hinauf in die Mulde unter der Vernungspitze (Seeboden). Der gut markierte Pfad quert die Mulde bis zum ersten steilen Aufschwung. Dieser wird rechts haltend in Kehren einfach überwunden, aber bereits hier ist absolute Trittsicherheit erforderlich!

Oberhalb der Stufe öffnet sich ein weiteres Hochkar, und der Pfad führt geradewegs auf den grasigen Kamm zu, der sich von den Vernungspitzen in südwestliche Richtung zieht. Die Markierungen folgen dann diesem Kamm bis hinauf zur Grathöhe. Der nun folgende Grat zum Vernungkopf ist meist sehr breit, kleinere Felsstufen lassen sich jederzeit umgehen. Erst am Gipfelaufbau wird das Gelände wieder steiler, und ein paar Passagen erfordern unsere ganze Aufmerksamkeit. So erreichen wir die breite Gipfelhochfläche

Rückblick auf Vernungspitze und Ötztaler Alpen

auf dem **Vernungkopf**, 2870 m, den ein Steinmann mit einer gravierten Felsplatte ziert, die aus dem Jahr 1892 (!) stammt. Die Rundsicht reicht außergewöhnlich weit und wird nur vom etwas höheren Rasassspitz eingeschränkt. Im Westen und Südwesten beherrschen die Berge der Sesvennagruppe zwischen Piz Lischana und Piz Sesvenna die Szenerie. Im Norden reicht die Sicht bis weit über den Reschenpass nach Nordtirol (Hoher Riffler, Parseierspitze) hinein. Im Osten stehen die vielen Berge der unbekannten Südseite der Ötztaler Alpen. Rechts davon liegt der Vinschgau, über dem sich auf der anderen Seite die Ortlergruppe erhebt.

Nach Schlinig Vom Gipfel folgen wir den Markierungen, die durch die schrofige Westflanke in einen breiten **Sattel** hinableiten. Nach einer Stufe folgt ein zackiges Gratstück, das am einfachsten rechts (nördlich) umgangen werden kann.

Anschließend steigen wir noch am Grat zum Vorgipfel, ca. 2900 m, des Rasassspitz an. Hier mündet von links der Anstieg von der Sesvennahütte zum Rasassspitz ein. Unternehmungslustige und trittsichere Alpinwanderer können von hier in ca. 15–20 Min. auch noch diesen nicht mehr ganz so einsamen Gipfel ersteigen.

Wir folgen nun den Markierungen, die zunächst steil über den breiten Schuttkamm in die Richtung der von hier aus gut sichtbaren Hütte führen.

Der herzförmige Murmentensee mit der Ortlergruppe

Unterwegs zum Vernungkopf

Auf einer breiten Stufe, ca. 2810 m, wendet sich der Pfad nach rechts und führt nun zwar nicht mehr ganz so gut ausgeprägt, aber weiterhin gut markiert zum obersten namenlosen See unter dem Rasassspitz.
Von hier wieder links haltend am breiten Grasrücken hinab zu einem kleineren, ebenfalls namelosen See. In einem Rechtsbogen geht's dann wieder etwas steiler hinab zum **Murmentensee**, 2419 m, der durch seine Herzform auffällt. Ein kurzer Abstieg bringt uns zum breiten Fahrweg, der von Schlinig über den Schlinigpass ins benachbarte Unterengadin führt. In wenigen Minuten erreichen wir die **Sesvennahütte**, 2258 m, neben der noch die ehemalige Pforzheimer Hütte steht. Ab der Hütte wandern wir nun auf dem breiten Fahrweg weiter, der uns unterhalb der Hütte noch eindrucksvolle Bilder vom Wasserfall über die Schwarzwand liefert. An der **Schlininger Alm**, 1868 m, vorbei bummeln wir zurück nach Schlinig.

33 Nockspitz, 3006 m

Belvedere über Langtaufers

mittel 1080 hm 5:30 Std.

Tourencharakter:
Bis zum Gipfelaufbau einfache Bergwanderung. Für die sehr steile und z. T. brüchige Schrofenflanke zur Kammhöhe sind allerdings unbedingt Trittsicherheit und Schwindelfreiheit erforderlich!

Beste Jahreszeit:
Juli bis Anfang Oktober

Ausgangs-/Endpunkt:
Melag, 1925 m, im Langtauferer Tal, Anfahrt von Graun, Parkplatz vor dem Dorf. Bus (Nr. 273) ab Mals über Graun (umsteigen)

Zwischenziel:
Innere Schäferhütte

Gehzeit:
Melag – Innere Schäferhütte 1:30 Std. – Nockspitz 1:45 Std. – Innere Schäferhütte 1:15 Std. – Melag 1 Std.

Karte:
Tabacco Nr. 043 Vinschgauer Oberland, Kompass Nr. 041 Obervinschgau, beide 1:25 000

Markierung:
Rot-weiß, Nr. 3 und 3A

Einkehr:
Keine Möglichkeit

Tourismus-Info:
Ferienregion Reschenpass, I-39027 Graun, Tel. +39/0473/634603, www.reschenpass.it

Während auf dem Weg zur Weißkugelhütte meist richtig was los ist, wird der Nockspitz fast gar nicht beachtet. Zugegeben: Er ist »nur« ein Vorgipfel des wesentlich mächtigeren Vorderen Karlspitz, aber immerhin ein Dreitausender mit schöner Rundsicht, vor allem hinab ins Langtauferer Tal, auf dessen Achse er genau steht.

Man sieht ihn schon lange, wenn man durchs Langtauferer Tal hinauffährt nach Melag. Aber nur wenige Wanderer beachten den Nockspitz. Vor einigen Jahren hat auch er eine Markierung erhalten, aber nur wenige steigen hier hinauf. Viele, die mit uns ansteigen, zweigen bei der Inneren Schäferhütte rechts ab – zur Weißkugelhütte, dem wohl beliebtesten Wanderziel rund um Melag.

Zum Nockspitz Von **Melag**, 1925 m, folgen wir ein kurzes Stück dem breiten Fahrweg Richtung Melager Alm. Wo dieser rechts umbiegt, verlassen wir ihn nach links und steigen sogleich steil in Kehren über einen Rasenhang an. Wir gewinnen so rasch an Höhe, und erst bei einem Bildstock, 2094 m, wird das Gelände wieder ein wenig flacher.
Nun quert der Steig die breite Südflanke unseres Gipfels bis zur **Inneren Schäferhütte**, 2354 m. Hier verzweigen sich die Wege: Unser Pfad steigt in nördlicher Richtung geradewegs hinauf ins Falginkar. Bei einem großen

Vorderer Karlspitz vom Nockspitz

Stein mit Markierung zweigt unser Pfad dann links ab, und wir wandern über blockübersäte Weiden auf den Nockspitz zu.

Es folgt der anspruchsvollste Abschnitt der Tour: Wir steigen durch die z. T. sehr steile Schrofenflanke, uns links haltend, zum Südkamm unseres Berges hinauf. Die Schrofenflanke erfordert absolute Trittsicherheit und Schwindelfreiheit, außerdem ist auf möglichen Steinschlag zu achten! Nach dieser Passage folgt noch der breite, gutmütige Gipfelkamm. Hier müssen wir nicht immer unbedingt den Markierungen folgen, manchmal führen die Wegspuren links in die Flanke hinein. Aber wir können natürlich auch durch die Blöcke den Markierungen folgen. So oder so erreichen wir den **Nockspitz**, 3006 m, mit seinem großen Gipfelkreuz. Zwar wird die Rundsicht im Norden vom Vorderen Karlspitz ein wenig eingeschränkt, und auch die Weißseespitze baut sich östlich von uns breit und mächtig auf. Nach Süden und Westen ist die Sicht jedoch frei: dominierend hier natürlich die Weißkugel, an die sich rechts der Kamm anschließt, der auch Rotebenkopf und Tiergartenspitz (s. Touren 35 und 34) trägt. Am schönsten ist allerdings der Blick über das Langtauferer Tal, das genau auf unserer Achse liegt. Dahinter bauen sich noch viele, viele Schweizer Gipfel auf.

Übermarkierter Schlussanstieg zum Nockspitz

Nach Melag Der Abstieg erfolgt auf derselben Route.

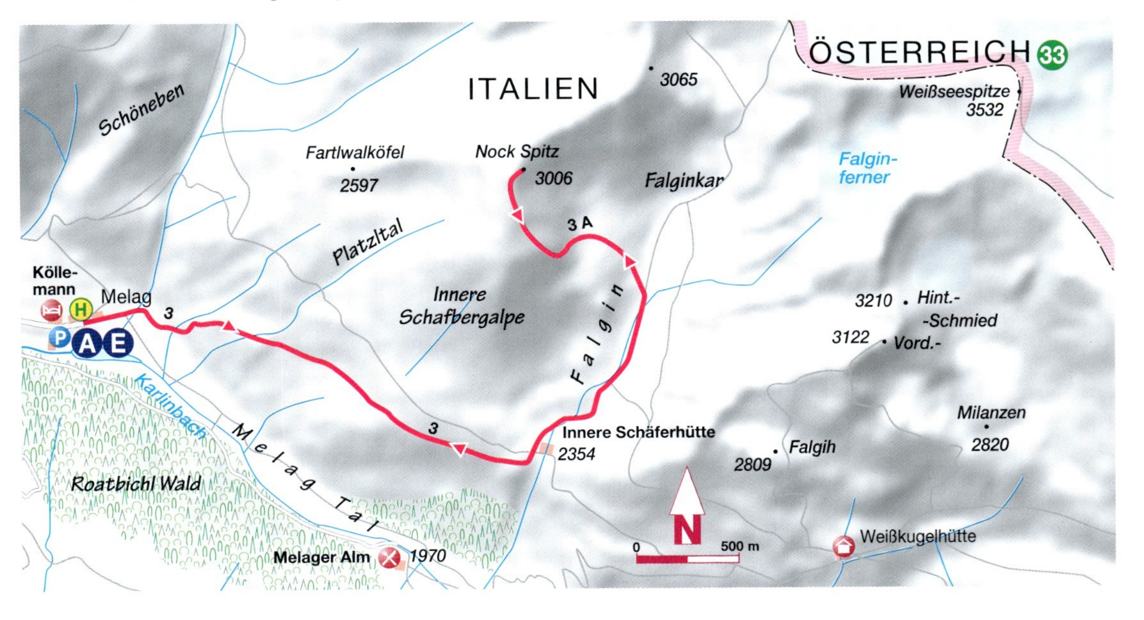

34 Tiergartenspitz, 3068 m

mittel | 800 hm | 4:00 Std.

Tourencharakter:
Lohnende und eher kurze Tour auf einen einfachen Dreitausender, der trotz Seilbahnnähe (noch) nicht überlaufen ist. Trittsicherheit ist in jedem Fall erforderlich, bei Regen, Schnee und Eis ist von dieser Tour abzuraten – die bemoosten Gneis- und Schieferplatten werden dann zu unangenehmen Rutschbahnen!

Beste Jahreszeit:
Juli bis Ende September, je nach Schneelage (Nordseite!)

Ausgangs-/Endpunkt:
Maseben, 2267 m, Bergstation der Sesselbahn von Langtaufers-Kappl, Anfahrt von Graun, Parkplatz bei der Talstation, ca. 1850 m. Bus (Nr. 273) ab Mals über Graun (umsteigen)

Gehzeit:
Maseben – Tiergartenspitz 2:30 Std. – Maseben 1:30 Std.

Karte:
Tabacco Nr. 043 Vinschgauer Oberland, Kompass Nr. 041 Obervinschgau, beide 1:25 000

Markierung:
Rot-weiß, Nr. 19

Einkehr:
Berggasthof Atlantis der Berge, 2267 m, Tel. +39/0473/63 30 91, www.berghaus-atlantis.it

Tourismus-Info:
Ferienregion Reschenpass, I-39027 Graun, Tel. +39/0473/63 46 03, www.reschenpass.it

Leichter Dreitausender in Langtaufers

In Südtirol sind nur wenige Dreitausender mit geringem Aufwand und wenigen Höhenmetern zu erreichen. Einer davon ist der Tiergartenspitz im Langtauferer Tal. Es ist außerdem eine der wenigen Touren in diesem Buch, bei denen man mit einer Seilbahn »nachhelfen« kann. Trotzdem ist es am Gipfel meist noch angenehm ruhig.

Die meisten Wanderer und Ausflügler begnügen sich mit dem Höhenweg zur Melager Alm. Der für einen Berg etwas ungewöhnliche Name »Tiergartenspitz« kommt daher, dass das Massiv reich an Tieren ist, eben ein »Tier-Garten«. Achtung: Die Sesselbahn nach Maseben ist in der Regel nur von Mitte Juli bis Ende August, maximal Anfang September, in Betrieb. Vorher unter Tel. +39/0473/63 30 91 anfragen! Wer außerhalb der Betriebszeiten der Sesselbahn unterwegs ist, rechne mit zusätzlich insgesamt 2:15 Std. Zeitaufwand und 420 Hm bis/ab Maseben.

Zum Tiergartenspitz Von der **Bergstation Maseben**, 2267 m, folgen wir dem Wegweiser und dem Weg Nr. 19, der uns zunächst ein Stück weit an einem Lift entlang durch das kleine Skigebiet führt. Schon bald quert der

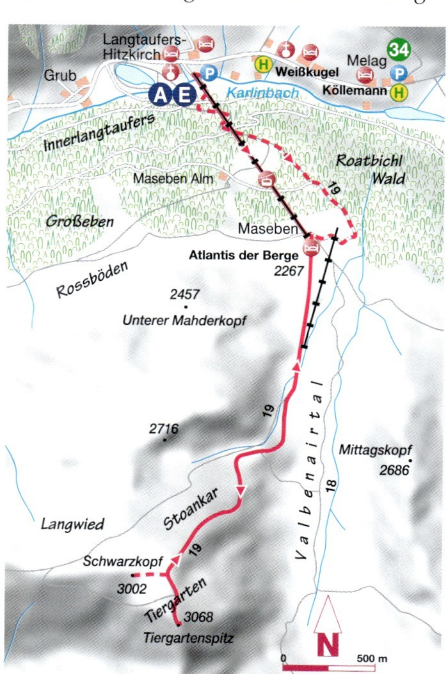

Nebengipfel Schwarzkopf

Falls auf dem Tiergartenspitz der eher unwahrscheinliche Fall eintreten sollte, dass mehr als ein Dutzend Wanderer gleichzeitig oben sind, so kann man zum Schwarzkopf nebenan ausweichen. Er ist zwar vom Anstieg her nicht unbedingt als Gipfel zu bezeichnen, zeigt sich aber vom Reschensee gesehen als eindrucksvoller Vorgipfel des Tiergartenspitz. Vom Sattel, ca. 2980 m, zwischen beiden Gipfeln in wenigen Minuten und gut 20 Hm zwar weglos, aber kinderleicht auf den Schwarzkopf, 3002 m, mit seiner breiten Gipfelfläche, die mit mehreren Steinmännern geschmückt ist. Schöner Blick auf den Reschensee.

Pfad ins Stoankar hinein und hält dann auf einen Rücken zu, der hinauf zur nächsten Karstufe leitet. Dieser Rücken wird immer steiler und verlangt vor allem später im Abstieg Trittsicherheit. Das Gelände wird dann zwar wieder flacher, dafür aber auch felsiger. Wir queren einige Blockfelder und gelangen so in das erwähnte Hochkar mit dem schönen Namen »Tiergarten«. Durch flachen Blockschutt queren wir hinüber zum kleinen Sattel zwischen Tiergartenspitz und Schwarzkopf, ca. 2980 m. Links haltend führt der Pfad zunächst über einen kurzen Blockhang, und schließlich erreichen wir über den Grat den **Tiergartenspitz**, 3068 m, mit seinem großen Gipfelkreuz. Die Rundsicht ist sehr herb, reicht aber auch sehr weit: Im Süden hinter dem Danzebell stehen die Eisgipfel der Ortleralpen, und weiter rechts im Südwesten erhebt sich die Berninagruppe. Im Westen ragen die Bündner Alpen zwischen Albula und Silvretta empor, davor liegt der Reschensee. Die Naudererer Berge und der Glockturmkamm zeigen sich im Norden, und Weißkugel sowie Weißseespitze im Osten runden das Bild ab.

Nach Maseben Der Abstieg erfolgt auf derselben Route.

Tiergartenspitz (r.) und Weißkugel (m.)

35

Rotebenkopf, 3157 m – Falbenairspitz, 3199 m

Dreitausender zwischen Langtaufers und Planeil

anspruchsvoll | 1360 hm | 8:15 Std.

Tourencharakter:
Sehr lange und vor allem anstrengende Gipfeltour. Trittsicherheit und Erfahrung im weglosen Blockgelände sind Voraussetzung. Einen Steig gibt es nur bis ins Planeiler Schartl und wieder ab dem namenlosen Sattel zwischen den beiden Gipfeln. Bei den Gipfelanstiegen nur vereinzelte Wegspuren. Nur für erfahrene Alpinwanderer!

Beste Jahreszeit:
Juli bis Mitte September, je nach Schneelage (Nordseite!)

Ausgangs-/Endpunkt:
Melag, 1925 m, im Langtauferer Tal, Anfahrt von Graun, Parkplatz vor dem Dorf. Bus (Nr. 273) ab Mals über Graun (umsteigen)

Gehzeit:
Melag – Melager Alm 0:45 Std. – Planeiler Schartl 3:30 Std. – Rotebenkopf 0:15 Std. – Falbenairspitz 0:45 Std. – Melager Alm 2:30 Std. – Melag 0:30 Std.

Karte:
Tabacco Nr. 043 Vinschgauer Oberland, Kompass Nr. 041 Obervinschgau, beide 1:25 000

Markierung:
Rot-weiß, Nr. 2, 5, 17 und 17A; Gipfelüberschreitung Rotebenkopf weglos und nicht markiert, Anstieg zum Falbenairspitz markiert, ohne Nummer

Einkehr:
Melager Alm, 1970 m, Mitte Juni bis Anfang Oktober, Tel. +39/340/4090145

Tourismus-Info:
Ferienregion Reschenpass, I-39027 Graun, Tel. +39/0473/634603, www.reschenpass.it

Die Berge zwischen Langtaufers, Planeil, Matsch und Schnalstal gehören zu den einsamsten der Ötztaler Alpen. Viele Bergwanderer sind sich gar nicht bewusst, dass diese Gipfel noch zu der überaus populären Gebirgsgruppe zählen. Hier trifft man nur Einheimische und Individualisten, die die Stille dieser Berge zu schätzen wissen.

Eine Einheimische, die dem Autor im Anstieg zum Planeiler Schartl begegnete, meinte, der Anstieg würde immer mühsamer und schwieriger. Vor gut 20 Jahren sei sie noch über einen kleinen Gletscher angestiegen. Dieser ist in älteren Karten noch eingetragen, ebenso wie ein Gletscher zwischen Rotebenkopf und Falbenairspitz. Von beiden ist fast nichts mehr übrig geblieben. Die Tour ist tatsächlich ein wenig mühsam, aber sehr lohnend und für Einsamkeitssucher geradezu ein Juwel. Und Juwelen sind nun mal nicht umsonst zu haben.

Zum Planeiler Schartl Von **Melag**, 1925 m, wandern wir zunächst sehr bequem auf dem breiten Fahrweg zur **Melager Alm**, 1970 m. Dabei überque-

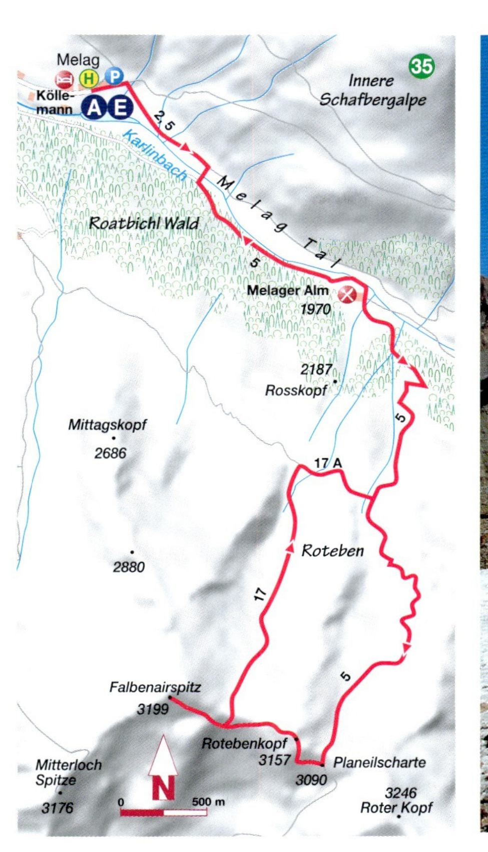

ren wir den Karlinbach. Hinter der Alm zweigt der Anstieg rechts ab und führt in Kehren durch lichten Lärchenwald und weiter oben über Alpweiden rasch in die Höhe.

Reste des ehemaligen Planeilferners mit Weißseespitze

Auf ca. 2430 m mündet von rechts der Höhenweg von Maseben ein. Wir steigen noch ein Stück weit in das Kar hinein, das unterhalb der großen Blockhalden des Rotebenkopfs liegt, bis sich der Steig nach links wendet und wir über einen grasigen Rücken in die große Mulde zwischen Rotebenkopf und Rotem Kopf gelangen. Hier ist das Gelände wieder etwas flacher – eine Gelegenheit, sich nochmals zu stärken und Kräfte für den nun folgenden, z. T. sehr steilen Aufstieg zu sammeln. Der Pfad steigt nun durch teils steiles Blockgelände bis unter den Rotebenkopf an. Nach einer weiteren etwas flacheren Partie folgt das steilste Stück des Anstiegs, bis wir schließlich in das **Planeiler Schartl**, 3090 m, queren. Bereits hier genießen wir eine schöne Aussicht auf Weißkugel, Ortlergruppe und Bernina. Da der Anstieg zum Rotebenkopf zwar weglos, aber kaum anspruchsvoller als bis zur Scharte ist, sei allen tritt- und orientierungssicheren Bergwanderern der kurze Gipfelanstieg unbedingt empfohlen!

Zum Rotebenkopf Ab der Scharte folgen wir nicht direkt dem felsigen Grat, sondern steigen ein paar Höhenmeter ab, bis wir über weniger steiles Gelände den ersten felsigen Kopf links (südlich) umgehen können. Sobald es das Gelände erlaubt, steigen wir, uns rechts haltend, steil, aber gut gestuft hinauf und erreichen einen flachen Boden unterhalb des Gipfels. Von hier

Weißkugel (r.) und Gepatschferner, darüber die Wildspitze

Endspurt zum Rotebenkopf

geht's in einem Rechtsbogen über den breiten Kamm zum **Rotebenkopf**, 3157 m, den kein Gipfelkreuz ziert, sondern nur ein paar Steinmänner. Die Aussicht wird im Norden und Osten von der mächtigen Masse der Ötztaler Alpen zwischen Weißkugel, Weißseespitze und Glockturm dominiert, über die fast genau in der Mitte ihre »Königin«, die Wildspitze, herausragt. Im Südhalbrund nimmt der Rabenkopf einen Großteil des Panoramas ein, rechts davon stehen u. a. Ortlergruppe, Cima di Piazzi und Bernina. Und im Westen erhebt sich der Falbenairspitz, der einen langen Grat zum Danzebell entsendet.

Zum Falbenairspitz Vom Gipfel steigen wir am sichersten kurz am Anstiegsweg zurück, bis schwach erkennbare Spuren nach links in die steile und bröselige Nordflanke des Rotebenkopfs leiten. Man kann auch direkt vom Gipfelsteinmann in die steile Flanke einsteigen, aber der Hang ist dort noch steiler, inklusive einiger einiger instabiler Felsblöcke. Am sichersten halten wir uns rechts und steigen zu dem Schneefeld, das in einer flachen Mulde lagert, hinab.
Wenn wir dieses erreicht haben, liegt das ungemütlichste Teilstück der Tour schon hinter uns. Am einfachsten überqueren wir das Schneefeld und haben danach noch ein paar flachere Passagen durch Blockwerk zu bewältigen, bis wir den breiten und flachen **Sattel**, ca. 3080 m, zwischen den beiden Gipfeln erreichen. Ein Stückchen weiter gipfelwärts finden wir dann rechts die ersten Markierungen, die meist in der Nähe des einfachen Südostgrats hinaufführen. Erfahrene Alpinwanderer kommen aber auch ohne die Markierungen zum Gipfel. Nur für eine kleine Rinne brauchen wir die Hände

Ortsnamen-Durcheinander

Die Schreibweise der Namen ist in dieser Region ein ziemliches Chaos: In der Kompass-Karte und auf den Wegweisern steht »Planailscharte«, obwohl der gleichnamige Ort »Planeil« geschrieben wird. Ebenso steht bei beiden »Falbenairspitz«, obwohl das gleichnamige Tal »Valbenair« geschrieben wird. Der Autor hat im ersten Fall die Schreibweise nach dem Ort Planeil übernommen. Im zweiten Fall schreibt er »Falbenairspitz«, weil dies die offizielle Südtiroler Schreibweise ist.

zur Unterstützung. Kurz vor dem Gipfel wartet noch ein Zwischenabstieg in eine Mulde, bevor wir dann den breiten Gipfel des **Falbenairspitz**, 3199 m, erreichen. Die Rundsicht ist natürlich ähnlich der vom Rotebenkopf, aber nach Westen freier und weiter. Es treten viele Schweizer Berge ins Blickfeld, aber auch der Reschensee ist links vom Tiergartenspitz (s. Tour 34) zu sehen.

Nach Melag Wieder zurück in den Sattel. Hier führt ein markierter Pfad sogleich in Kehren steil in nördlicher Richtung hinab. Im obersten Abschnitt ist er sehr gut ausgeprägt, verliert sich aber schon bald im bröseligen Gelände. Hier ist gut auf die Markierungen zu achten! Die Talmulde zwischen Valbenairspitz und Rotebenkopf gibt uns die Richtung vor, unser Zwischenziel ist der schon von oben sichtbare flache Wiesenboden am Fuß der beiden Gipfel. Der Pfad ist nun wieder gut erkennbar, und wir folgen ihm bis zu einer Abzweigung, ca. 2450 m. Hier treffen wir auf den Maseben-Höhenweg, dem wir nun nach rechts in leichter Wanderung bis zu der im Aufstieg erwähnten Abzweigung folgen. Auf bekanntem Weg geht's dann zurück nach Melag.

Unterwegs zum Falbenairspitz

36 Innerer Nockenkopf, 2768 m

In der nordwestlichsten Ecke von Südtirol

mittel 850 hm 4:00 Std.

Tourencharakter:
Kurze, aber meist stille Tour auf einen abgelegenen Aussichtsgipfel. Für den steilen Gipfelanstieg ist zumindest Trittsicherheit erforderlich. Zusätzlich sind ein guter Orientierungssinn und der Blick für die nächste Markierung gefragt.

Beste Jahreszeit:
Juli bis Oktober

Ausgangs-/Endpunkt:
Rojen, 1962 m, Anfahrt von Reschen, Parkplatz, 1920 m, unterhalb des Dorfs bei der Talstation der Skilifte. In Rojen gibt es keine öffentlichen Parkplätze! Keine Busverbindung

Gehzeit:
Rojen – Innerer Nockenkopf 2:15 Std. – Eggeralm 1:15 Std. – Rojen 0:30 Std.

Karte:
Tabacco Nr. 043 Vinschgauer Oberland, Kompass Nr. 041 Obervinschgau, beide 1:25 000

Markierung:
Rot-weiß, Nr. 13; Abstiegsvariante zur Eggeralm ohne Nummer

Einkehr:
Keine Möglichkeit

Tourismus-Info:
Ferienregion Reschenpass, I-39027 Graun, Tel. +39/0473/634603, www.reschenpass.it

Immer wieder ist von »stillen Winkeln« oder »abgelegenen Ecken« die Rede. Genau das trifft auf das Rojental zu. Markante Gipfel fehlen, und abgesehen von Elferspitze und Piz Lad ist es hier richtig ruhig. Vor allem im Herbst ist die Stille auf den hoch gelegenen Alpweiden an der Schweizer Grenze geradezu hörbar.

Innerer Nockenkopf – das klingt nun nicht sehr prickelnd. Köpfe sind meist weniger steil und wild als Spitzen oder Hörner. Hinzu kommt, dass in (Süd-)Tirol eher abgerundete Gipfel als »Nocken« bezeichnet werden. Die breite Gipfelhochfläche bietet denn auch keine wilden Tiefblicke, sondern die Rundsicht beeindruckt mit Weite und Stille. Lediglich die nahen Schweizer Kalkgipfel um den Piz S-chalambert Dadaint zeigen ein etwas wilderes Gesicht.

Unterwegs zum Inneren Nockenkopf

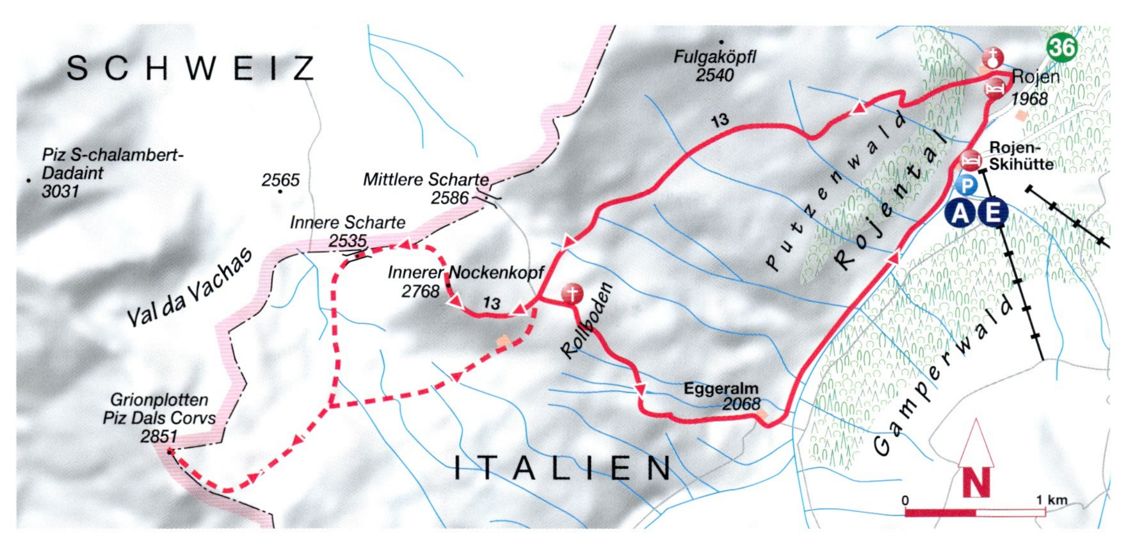

Zum Inneren Nockenkopf Vom Parkplatz wandern wir in 5 Min. hinauf zum Mini-Bergdorf **Rojen**, 1962 m. Dort zeigt uns der bereits betagte Wegweiser die Richtung an. Knapp oberhalb des Dorfs trennen sich die Anstiege auf die beiden Nockenköpfe: Zum Inneren halten wir uns links, und schon bald bleibt der lichte Lärchenwald zurück, und wir wandern über offenes Weidegelände. Dabei ist immer gut auf die Markierungen zu achten, die nicht mehr ganz so frisch sind. Sie führen uns dann über einen flachen Bergrücken. Bald schon taucht auch der Innere Nockenkopf vor uns auf – ein breiter und behäbiger Kopf, der ein wenig an einen flachen Vulkan erinnert. Die Wegspuren führen bis an den Gipfelaufbau hin. Dann wird das

Piz S-chalambert Dadaint (l.) und Muttler (r.)

Unterwegs zu P. 2873 (Signalstange) mit Piz S-chalambert Dadaint (l.)

Gelände deutlich steiler. Zunächst links haltend, queren die Markierungen weiter oben erst wieder nach rechts in die Mulde unter dem Gipfel hinein und dann wieder auf den breiten Südkamm hinauf. Über diesen erreichen wir schon bald die breite Gipfelhochfläche auf dem Inneren Nockenkopf, 2768 m, mit dem 2006 erstellten Gipfelkreuz. Von hier bietet sich eine schöne Rundsicht über die Bergwelt rund um das Dreiländereck: Im Osten stehen neben Wildspitze, Weißseespitze und Weißkugel viele unbekannte Gipfel der Ötztaler Alpen; im Süden glänzen die Firne der Ortlergruppe. Vom großen Steinmann sehen wir ins Unterengadin hinab, auf der anderen Talseite ist Tschlin erkennbar. Darüber ragen die Hauptgipfel der Samnaungruppe mit Piz Mundin, Muttler und Stammerspitz empor, und weiter links davon steht das mächtige Kalkmassiv des Piz S-chalambert Dadaint, in dessen Südgrat sich der Piz dals Corvs erhebt.

Nach Rojen Im Abstieg können wir vom Gipfelfuß zu einem von oben bereits gut sichtbaren **Bildstock**, ca. 2450 m, absteigen. Von hier führt ein noch weniger als der Aufstieg frequentierter Pfad ins Griontal. Die Wegspuren führen gleich steil über den ersten Hang auf eine flachere Stufe hinab. In der Folge bleibt der Abstieg zumeist steil, nur selten gibt es flachere Passagen. Die Wegführung erscheint dabei nicht immer logisch, deshalb gut auf die Markierungen achten! Bei der **Eggeralm**, 2068 m, erreichen wir wieder den Talboden und wandern auf dem breiten Wirtschaftsweg zurück zu unserem Ausgangspunkt.

Piz dals Corvs Auf den aktuellen Karten von Kompass und Tabacco ist auch eine Markierung auf den Piz dals Corvs, einen südlichen Ausläufer des Piz S-chalambert Dadaint an der Schweizer Grenze, eingetragen. Eine

Besteigung dieser an sich unbedeutenden Graterhebung ist tatsächlich eine schöne Tour – allerdings nur für erfahrene und orientierungssichere Alpinwanderer, denn die Wegeintragungen in den Karten sind reine Fantasieprodukte. Der Autor hat auch diesen Gipfel besucht und fand sich hoch über der bündnerischen Val d'Uina in völliger Einsamkeit wieder. Wer ihm dahin folgen möchte, sollte wissen, dass es definitiv weder einen Steig noch Markierungen gibt, abgesehen von ein paar Steinmännern. Ohne technisch schwierig zu sein, verlangt der Piz dals Corvs Erfahrung im weglosen (Schutt-) Gelände und neben einem ausgeprägten Orientierungssinn auch einen Blick für das Gelände. Wer über diese Eigenschaften verfügt und gern allein unterwegs ist, der wird eine Sternstunde erleben! Vom Inneren Nockenkopf am einfachsten vom Steinmann am flachen Nordkamm so lange absteigen, bis es das Gelände erlaubt, in die weite Mulde der Inneren Scharte zu queren. Bei einem Steinmann mit Stock findet sich eine Wegspur, die den ersten und einzig steileren Hang nach links ansteigend quert. Darüber wird das Gelände wieder flacher, seltene Steinmänner weisen den »Weg«. Ein leichter Schrofenhang leitet zuletzt auf die Grathöhe, von der sich sogleich ein sensationeller Tiefblick in die Val d'Uina auftut. Rechts haltend geht's über einen steileren Schutthang zum Vermessungs- und Grenzpunkt auf dem Piz dals Corvs, 2854 m. Wer möchte, kann vom Vermessungspunkt über den breiten Kamm noch den nächsten kotierten Punkt, P. 2873 m, besuchen. Dieser wird von einer Vermessungsstange geschmückt und bietet einen noch beeindruckenderen Blick zum Piz S-chalambert Dadaint. Absteigend wieder bis zum Steinmann in der breiten Senke zwischen beiden Gipfeln. Von hier südlich um den Inneren Nockenkopf herum bis zum Bildstock auf ca. 2450 m. Auf einem der beiden Pfade zurück nach Rojen (Innerer Nockenkopf – Piz dals Corvs 1:30 Std. – Bildstock 1:30 Std., ca. 600 Hm Abstieg und 300 Hm Aufstieg, rot).

Piz dals Corvs (l.) und Piz S-chalambert Dadaint (r.)

Maratschspitze von der Maurerscharte

Register

Ebenfalls erhältlich ...

ISBN 978-3-7654-5878-1

ISBN 978-3-7654-5679-4

ISBN 978-3-7654-6126-2

ISBN 978-3-7654-5568-1

www.bruckmann.de

Impressum

Unser komplettes Programm:

www.bruckmann.de

Produktmanagement: Susanne Kaufmann
Lektorat: Anette Späth, Breisach
Layout: Medienfabrik, Stuttgart
Repro: Cromika, Verona
Kartografie: Heidi Schmalfuß, München
Herstellung: Anna Katavic
Printed in Italy by Printer Trento

Alle Angaben des Werkes wurden vom Autor sorgfältig recherchiert und auf den aktuellen Stand gebracht sowie vom Verlag geprüft. Für die Richtigkeit der Angaben kann jedoch keine Haftung übernommen werden. Für Hinweise und Anregungen sind wir jederzeit dankbar. Bitte richten Sie diese an:

Bruckmann Verlag
Postfach 400209
80702 München
lektorat@verlagshaus.de

Bildnachweis: Alle Aufnahmen stammen vom Autor mit folgender Ausnahme: Renate Gröner: Umschlagklappe vorne; Susanne Kaufmann: Umschlagvorderseite kleines Bild

Umschlagvorderseite: Unterwegs zum Kasamutz (T.18), hinten der Dürrenstein
Umschlagvorderseite, kleines Bild: Holfinger beim Abstieg von der Kolbenspitze (T.20)
Umschlagrückseite: Großhorn (l.), Habicherhopf (m.) und Mittereck (r.) vom Stoanmandl

Die Deutsche Nationalbibliothek verzeichnet diese Publikation in der Deutschen Nationalbibliografie; detaillierte bibliografische Daten sind im Internet über http://dnb.d-nb.de abrufbar.

© 2013 Bruckmann Verlag GmbH

ISBN 978-3-7654-5826-2